U0134955

《台灣哲學研究》第一期　一九九七年九月──────

主編◎郭博文

思想・語言與真理

著者◎林正弘等

《台灣哲學研究》編輯委員會　編

桂冠圖書股份有限公司出版／發行

《台灣哲學研究》發刊詞

　　台灣哲學學會於一九九六年元月成立之初即已決定出版哲學學術期刊，發表會員之研究成果，提供互相切磋的機會。編輯委員會經過將近兩年的籌備工作之後，創刊號終於和讀者見面了。

　　本會成立以來的各項活動大致可分成三個努力的方向：（一）提昇國內哲學研究的學術水準，（二）推廣哲學的普及教育，以及（三）促進哲學界的國際交流。在推廣工作方面，我們曾在寶島新聲廣播電臺開播每周一次的「現代哲學講台」，持續一年五個月；而針對社會大眾及青少年的哲學營活動也正在積極規劃之中。在國際交流方面，我們曾經邀請國外哲學家專程或順道來訪，發表專題演講或參加座談會；五位會員曾於今年三月赴美國加州柏克萊參加美國哲學會太平洋區之年會，在主辦單位安排下報告台灣分析哲學之概況，並宣讀專題論文。今後將逐步加強與各國哲學界的學術交流，安排類似的參與活動。至於國內學術水準的提昇乃是本會的重要工作目標。在這方面，去年已開始舉辦每年一次的學術研討會及博、碩士研究生論文發表會，今年並已訂定「蔣年豐教授紀念論文獎」辦法，每兩年頒發一次最佳哲學論著獎。本刊的發行也是提昇國內學術水準的一項重要工作。針對此一目標，我們將本刊定位為國內的哲學學術性刊物，並據此作成

幾項原則性的決定。

首先，我們決定本刊為純學術性刊物，而非介紹性的通俗刊物。本來哲學是一門與大眾的生活密切相關的學科，它所蘊涵的複雜內容及其所使用的抽象概念，應該介紹給非哲學專業的讀者，使哲學在我們的社會中生根。我們之所以決定只刊登學術性的專業論文，並非不重視哲學的推廣工作，而是相信目前已有很好的通俗性刊物。我們認為推廣工作必須以堅實的研究成果為基礎，才不會流於浮泛淺薄；而目前國內的哲學研究水準仍有提昇的空間。我們希望在這方面與國內的全體哲學界互相勉勵。

其次，我們決定以中文作為本刊的表達工具，而不刊登以其他語言撰寫的論文。我們相信國際交流是學術界的必然趨勢，在中文尚未成為國際哲學界普遍通行的語言之前，我們有必要以外文從事國際交流。但我們也深信能夠用我們最熟悉的語言來表達的思想，才會在我們的生活及社會中紮根。如何使用流暢的現代中文來表達外國的哲學思想及中國古代的哲學思想，我們尚在摸索學習的階段。本刊希望在這方面提供學習的園地。本會部份會員早在本會成立之前，就創辦一份以英文撰寫的哲學刊物，名為 *"Philosophy and the History of Science ：A Taiwanese Journal"*，歡迎大家投稿。

最後，我們決定本刊為容納各哲學領域、派別及進路的哲學刊物。我們期望國內哲學界各不同領域與派別之間不相聞問，甚致對立的情況，能逐漸改善。我們尤其盼望中西哲學之間儘早開始對話。哲學一方面有其不同時代及不同地域的差異性或獨特性，但也有其普遍性。在特殊性中尋求普遍性乃是哲學思考的一

項重要功能。當世界各地區的文化、政治、經濟等交流如此頻繁，關係如此密切的時代，許多哲學問題都是大家共同關切的。某一地區或文化所產生的獨特思考方向也應提供給他人共享。本土化與國際化不應是兩種對立的走向，而是相輔相成的。

台灣哲學學會創會會長　林正弘 1997 年 9 月

《台灣哲學研究》第 1 期（ 1997 年 9 月）

思想‧語言與眞理

《台灣哲學研究》第 1 期（1997 年 9 月）：1-44

名與專名之歷史鏈理論與其問題[*]

洪成完

一、名之哲學觀點

　　自十九世紀中葉以來，不少的語言學家與哲學家都注意到專名之意義問題：『專名之語意角色是什麼？』。這一個問題的解主要有兩個不同的觀點／理論。一是名之描述理論（記作 DT），另一是**指稱**之新理論。依名之描述理論，一專名之所指是由一組確定描述詞所提供的（有限多個）性質所決定的唯一元目，專名之所指是以這組確定描述詞所傳達的**意含**（ sense ）爲中介。指稱之新理論則主張：一個專名直接聯繫其唯一的帶名者（元目），不以意含爲中介（不必藉確定描述詞以決定專名之所指）。這個「新」理論之原始觀點就是 J.S.Mill （甚至追蹤至古代的 Plato ）

---

* 部份內容源自〈指稱的一些問題〉一文，此文曾在國立台灣大學主持之「指稱、真理與語言」學術研討會（ 1997 年 4 月 11 日至 12 日）宣讀過。敬請讀者參閱另文〈名與指稱理論的一些問題〉，《台大哲學論評》第二十期（ 1997 年 6 月）。

所提出的觀點：「專名有 denotation，而無 connotation」[1]。直接指稱理論除了憑直接的語言脈絡（如藉指稱表式（ indexicals，「現在」，「我」，「這」，……）指示外，頗難於瞭解一名／專名之所指。名之描述理論則可降低瞭解之困難，雖然名／專名之使用者較難於提出「忠於事實」的正確描述。例如，直接指稱論者如何解說專名 'Mikhail Gorbachev'？描述論者（若能掌握「政治行情」的脈動）則不難提出如此解說：

'Mikhail Gorbachev' refers to

The main who introduced pereistroika to the USSR,

the man with a birthmark on his fore head.

The man who received the Nobel Prize for peace in 1990......

對 Kripke 來說，專名都是固定指稱（ rigid deignators ），即，在所有可能世界／可能情況（ possible worlds ／ possible situations ）內，專名指稱同一個個體（元目）。這類固定指定詞之所指被限制為單一個元目；無論是否在真實世界或在一反事實的情況（或其他可能情況）內一提到此名，此名只指這一單一元目。對比之下，確定描述詞都不是有**固定所指**的。除了**代表**（ stand for ）或指謂某一唯一的元目外，專名之意義（ meaning ）是什麼？

---

[1] 有關 J. S. Mill 之觀點與其批評名之描述理論、直接指稱理論所引起之困難、名之指稱理論之論旨（中心主張）與理論演變（來龍去脈），請參見作者已發表於《台大哲學論評》第二十期（ 1997 年 6 月）的〈名與指稱理論的一些問題〉。

指稱之「新」理論告訴我們：專名有其唯一的所指外，專名缺乏
意義。

　　Kripke 的「專名」觀點，提到專名之語意地位（語意角色），
但不提及意義之心靈表徵（ mental representation of meaning ）。
與 H. Putnam 1975 之觀點類同， Kripke 視 meaning 是不同於人類
大腦內的語意表現的元目。人類初次認為鯨（ whale ）是一種魚，
然後，由於動物知識之增進，人們知道鯨是一種哺乳動物
（ mamals ），但並不改變「鯨」（ 'whale' ）此字之意義，而只
改變「鯨」（ 'whale' ）之「人類的語意表徵」。依據此觀點，『意
義不在人類之心靈內』似乎言之成理。對此更深入的探討，可參
見 P. N. Johnson-Laird 1983 的著作。

　　雖然 Kripke 不處理意義之心靈表徵，但在認知心理學內，名
之哲學觀點（甚至於 Kripke 的 realistic viewpoint ）都引起如此論
爭（ debate ）：在資訊處理系統（ information processing system ）
內，一專名是直接地與其代表或所指稱的元目關聯？或是一專名
與其所指稱的個體（元目）之間以「傳記式的性質」（ 'biographical
properties' ）為中介來決定此個體（元目）？

二、溝通之歷史鏈理論

　　K. Donnellan 1966 批評了 B. Russell 的確定描述理論，並提
出了指稱的一個新理論。大約在 1970 年代早期，已有語言哲學
家開始探究指稱（ reference ）在因緣方面的假設；在 Field 1972 ，
Kripke 1972 ， Putnam 1975 ， Devitt 1981 等人的著作中，他們不

期而同的主張：指稱關係是一個（視為 *sign token* 之一種的） term token 與其所指間的歷史鏈所構，其中較具清楚的「良好圖像」（'better picture'）者是由 Kripke 提出的專名之**固定指稱詞理論**與名之溝通歷史鏈理論（ the theory of rigid designator of proper names, and the theory of historical chain of communication ）。許多哲學家認定名／專名之溝通歷史鏈理論（簡稱為「歷史鏈理論」（ the historical chain theory ）之正式創建者是 K. Donnellan 和 S. A. Kripke 。

　　Donnellan 1966 與 Kripke 1972 、 1980 有關專名的觀點時常被誤認為相同的，其實不然。 Donnellan 著重於討論「說話者（言說者）使用專名或確定描述詞時，他所指稱的對象」； Kripke 則著重於討論「專名有沒有 sense ？」這個論題，而 Kripke 對此問題的答案是否定的。 Donnellan 所倡導的是 historical chain theory of descriptions ， Kripke 所倡導的是 historical chain theory of （ proper ） names 。 Kripke 1972 、 1980 強調他不是為專名提供一些理論，而是提出一「較好的圖像」（ 'better picture' ）以代替名之描述理論。他所提供的圖像被誤認為 J. S. Mill 1843 的翻版[專名只有 denotation （ referent ）而無 connotation （ Fregean Sense ）][2]。

　　Kripke 主張：決定一個名／專名之所指者不是被蘊涵的描述內容，而是名之使用者與命名者（賦名者）間的適當關係。這解說有兩點是不可忽略的：第一、有命名者對某一對象（元目）、

---

[2] 這個誤解是對於 Kripke 1972 、 1980 之論證之洞見有所不清楚而產生的。我們將在第三節檢討 Kripke 之正確的原始論旨。

稱謂（naming）或賦予名稱的行為（或動作）；第二、一元目所得到的名是歷經（與該命名者同屬）一語言社群與時間而傳遞給後人使用。在第一點，名之引進或稱謂時常是在正式或非正式場合，以直指法（ostension）方式或以一組確定描述詞方式對一個元目（對象、事物、事態、事件）賦予一個名，此元目成為此名之帶名者，由此開始，此元目出現之場合均以此名指稱該元目。在人類方面，傳統上的命名多是正式的，有宗教的儀式（如基督教的洗禮儀式（baptism）），或經謹慎莊重考慮後賦予人名；對多數自然類（natural kinds）和非生命的元目，實際上少有正式的命名儀式，但有稱謂之設置（naming device）。藉一組確定描述詞以「固定名之指稱」並不等於「對名賦予意義」（'give meaning to the name'），因為要先有後者，才有前者，後者是前者之一依據。至於第二點，名之傳遞是藉人至人之溝通，在溝通過程內名之傳遞所要求的一個條件是：名之使用者有**意向**指稱的元目與原始命名者、學得此名者所指的元目（完全）相同。名之使用者多是標設稱謂（命名）時不在命名場的人，他們多是在場者或已習得此名的人習得此名。這一習得（acquisition）有歷史上的聯繫（或關聯，link），可算是一種知覺過程，但不全是傳統意味的「因果」過程。一個名在溝通、交談中被使用，若聽者具有適當的語言能力與巧思，可獲知此名之所指（獲得此名與其所指間的對應關係），並以此名指稱其所指。一名之使用者與被命名的原始元目之間的關聯稱為此名之溝通歷史鏈（'historical chain of communication'），簡稱為「歷史鏈」（'historical chain'）。此鏈決定此名之所指（或指稱值 reference value）。這歷史鏈也可有（並且大部分具有）**約定的成份**，有時「歷史鏈」被稱為「約

定鏈」。在一特定的語言社群內人們各個歷史鏈。歷史鏈上所顯示的指稱關係可傳給新學習者，使他們知道此名；可傳給後人（後代）使他們能使用此名，甚至傳給其他語言／文化的族群。大部分的人與一名之引進無關，但能使用此名以指稱其所指；由於他們太多由另一些人獲知此名，故含有「名之借用」、「指稱之借用」（'reference borrowing'）之過程。

歷史鏈不是獨立於人們思考過程的外在**因果關係**之序列（ a sequence of external causal relations ）。「溝通之歷史鏈」時常被稱爲 'causal chain'。Kripke 在其 *Naming and Necessity* 一文（一書）中偶爾到此名稱，有些哲學家將 Donnellan-Kripke-Putnam 提出的「指稱理論」稱爲 'Causal theory' 或 'Causal theory of names'，這有時將是一種誤導。這些哲學家過度強調**物理論**（ physicalism ）之立場，欲將「指稱」（ reference ）概念化約爲物理論／物理學上更可接受的概念。 Kripke 放棄這種立場。歷史鏈不全是「因果關係」所建立，而是名在其歷史上的緣起、命名場合、命名背後的動機直接地有所關聯，故若欲用 'Causal theory of names'，最後改譯爲「名之因緣論」。

Gareth Evans 1973、 1977 指出：在名之傳遞過程內，名之使用者之「有意向於指稱」（'intention to reference'）這一個因素是不可忽略的。 K. Donnellan 1966 與 M. Devitt 1981 都曾探究過**歷史鏈**之較純形式或外在形式。

賦予一名之意義（ giving the meaning of a name ）與固定一名之所指（ fixing the referent of a name ）這一徵別相當重要。 Kripke 是藉此徵別來論證**名之描述理論**是錯誤的。其所以如此，

是 DT 將「固定名之所指」與「賦予名之意義」混淆了。由名之使用者所關聯到的一群確定描述詞給此名以意義。但事實上只固定此名之所指，這一固定（fixing）使談話者（與命名者自己）能撿拾或選定一個元目做為名之所指。

Kripke 曾將專名之觀點推廣到自然類詞項。另一方面，H. Putnam 1975 年也獨立地提出自然類詞項的歷史鏈理論。

依 S. A. Kripke 與 H. Putnam 的說法，自然類詞項有許多殊異的語意特徵，憑這些特徵自然類詞項與我們所習見的一般詞項（如人工詞項「椅子」、某一種家電用品）呈現相異。Kripke 主張自然類詞項如同專名，都是固定指稱詞。因此，不可能藉複雜的（確定）描述來界定，也不能如經驗者 John Locke 所假定的、相信的一般詞項謂述或表達一抽象概念。Kripke 堅信水（water）是固定地指稱（化學上的）H_2O，「水是 H_2O」這一陳述是一個必然的真，雖非先驗的。

例：「袋鼠」（'kangaroo'）之字源。據說英國探險家 Cook 船長（James Cook）於 1770 年到澳洲 Queensland 一帶看見一種動物，問土人這種動物叫做什麼。土人回答說 kangaroo。Cook 船長與這種動物之間已有一個歷史鏈，而結果他說：『我們稱這種動物為 'kangaroo'』。Term token 與其帶名者之間已建立一個歷史鏈。透過 Cook 船長及船員之語言行為，許多人得知有 kangaroo 這種動物。但據說 'kangaroo' 在當地的土話是「跳躍者」（'the jumpers'）的意思，又有意謂「我不懂你的話」。至於中文把 'kangaroo' 譯成「袋鼠」而不譯做「跳獸」、「大跳鼠」，可能與原始譯者或動物學家對這類動物之外表形象的看法有關。翻譯者之譯名也有其歷史鏈，在此鏈上，可能有不少「指稱借用」、

「意義借用甚至改變」的成份。

注意，名 ／ 專名 ／ 自然類詞項之語意學涉及下列：

〔問題 21 〕[3]是什麼決定一個名 ／ 專名 ／ 自然類之所指？

Kripke-Putnam 式的答案：是此名 ／ 專名 ／ 自然類詞項與其所指之間的歷史鏈。對於使用同一個（同一種）語言 ／ 語文的社群之成員，他們在使用此名時依賴此名 ／ 專名 ／ 自然類詞項之歷史鏈。人們可談到 ／ 提到被登錄的元目，但與人們對這些於元目的信念無關。

〔問題 22 〕是什麼使一元目成為一名 ／ 專名 ／ 自然類詞項之所指？或者，是什麼條件決定了一類之成員？

對於涉及自然類詞項時，一個語言社群時常依賴專家。

依 S. A. Kripke 1972 ， 1980，自然類詞項都是固定詞指稱；依 H. Putnam 1975 自然類詞項在指涉上的隱固性（ rigidity ）是藉人們的視覺脈絡與其所指謂的樣品 ／ 樣本之角色導出來的。例如，黃金（ Gold ），指與樣品 ／ 樣本，與黃金之「內在的物理—化學結構相干、相同的金屬」，而一語言社群之 competent use 能表徵地說出「這是黃金」；一個自然類之「內在結構」，物理

---

[3] 問題題號是依〈名與指稱理論的一些問題〉一文中所提出的〔問題 20 〕接下來的。

一化學結構是只藉經驗研究而發現的 [因為，引進自然詞類項不能全部依賴造字者之知道這些結構之性質／質性。人們在使用一名以指一自然類，這種能力並不表示他們是完全無知的]。有疑難問題時使用者只有請教於專家。 Putnam 說，使用自然類詞項時，人們之間具有語言的社會分工；說者之心靈內存有自然類詞項語意範型（ semantic stereotype ），這些範型不是 John Locke 的抽象概念。

〔問題 23 〕在一語言社群內，一個具有語言能力的成員在嘗試使用某一名／專名／自然類詞項時，他所憑藉的（或依賴的）是什麼資訊？

初步的解答是（或可能是）我們必須將此名／專名／自然類詞項所對應的**概念**作一認知表徵（ cognitive representation ），即表達此名／專名／自然類詞項之特性與相干的各種關聯（無論是圖像式的（ pictorial ）或命題式（ propositional ）表徵），在處理此名／專名／自然類詞項時，都使用這類表徵。但是，這些對應到的**概念** C_i 之語意功能必須釐清。依據歷史鏈理論，我們不能唯一地決定含有這些概念 C_i 的語句之真值條件。最重要的是指稱之關聯本身，而這正是片段的、部份的世界內因緣事故之事而非**概念**（或概念架構）之事。於是，我們將有這種想法：某些名／專名／自然類詞項極可能與一些（可能的，顯而易見的）元目有直接關聯。因此，要產生意義不可避免地必須或多或少使用指示性表式（ indexicals ）。例如，為兒童說明一種動物時，指示地說出『這是獾（ badger ），不是老鼠；..........』，這才是

9

較好的語意的指示功能。但是，並非所有自然類詞項都可用這種直指法來引介。許多詞項都有其與其**語意關係**（意義關係，meaning relations）的網路，和語意上相干的「內在結構」。

三、 Kripke 有關專名之論旨

Kripke 1972 、 1980 主張：

K1. 專名不同於確定描述詞。專名都是 rigid designators 。
K2. 專名並非與確定描述詞同義（或語意上對等）。

Kripke 為支持 K1 的論證是涉及可能在界的模態論證。支持 K2 的論證不用模態概念，但涉及知識論之觀點。在此我不贅述這些論證。由 K1 與 K2 直覺上似乎可得到 K3 ：專名缺乏 Frege 式的 Sense 。但 Kripke 並不為此提出支持的論證，他似乎不意圖陳示這個論證。

Frege 的 Sense 常被誤解，這是 Frege 本人未能為 'Sense' 陳示其功能（ function ）與表徵所致。 Tyler Burge 1977[4]徵別出 Frege 的 'Sense' 概念可由三種不同的功能顯現出來。這三種功能之間我們還可加以細分（在本文我們可不必再如此做）。稍修訂 T. Burge 的說法，至少我們應能徵別出 'Sense' 之三種屬性上的功能：

---

[4] 參閱 Tyler Burge 1977 ， P.442 。

Sense₁ ：一元目之純概念表徵（ purely conceptual representation ），一個具語言能力的說話者使用一詞項時以特殊方式（特殊途徑）聯繫此元目。

Sense₂ ：一種機制（ mechanism ），（相對於一個可能世界或可能情況）藉此機制確立或語意上決定一詞項之指稱（所指）。

Sense₃ ：一詞項之資訊值，即一詞項對於含此詞項的語句之資訊內容所作的貢獻。對於藉此詞項的任何信念， Sense₃是此信念的一部分，並且與含此詞項的語句之知識地位相干。

　　例‧具有 **Sense₁** 的詞項：在通常情形下，不引用指示性表式（ demonstratives ， indexicals ）而由言說者說出／寫出的詞項／字，其 linguistic meaning 即此詞項／字之 Sense₁。例如，『去年的雪不見了』；衍生語言學（ generative linguistics ）的'syntactic structure'，其意含由圖像式的樹狀結構（或'phrase marker'）所顯示：又數學中的「收斂較慢的無窮極數」，「不可及基數」（'inaccessible cardinals'），數學基礎內所習用的'constructivity'，'constructivism'。這項詞項之意含只能由特定的概念表達的方式來呈現。

　　例‧具有 **Sense₂** 的詞項：紐約市（ NYC ）之帝國大廈，「世貿中心大樓」，這些詞項之意含是是可憑地理常識及人之視覺／

11

知覺之機制來決定，也可視同為視覺／知覺之機制（即，這二詞項各意謂「1930年代全世界最高的建築物」，「1980年代全世界最高的經濟活動中心之一」。（認知）心理學中提到的 'development of cognitive intelligence'、'development of moral intelligence' 都可視為人之自然機制與教養作用（nurture）的「階段」（'stage'）或 'phase'。

例‧具有 $Sense_3$ 的詞項：「聖嬰現象」（'El Nino phenomenon'），'Deep Blue'。這些詞項不能僅由通常詞典之 linguistic meaning／word meaning 來瞭解，而必須具有涉及這些詞項之特殊資訊／知識才能獲知其意含，'El Nino phenomenon' 指將在最近（或 1997 － 1998）發生的全球性氣候之反常變化；'Deep Blue' 指在 1997 年戰勝棋王的「IBM 超級電腦」，……。

Burge 的 $Sense_1$，含有現在的 $Sense_1$ 與部份 $Sense_3$ 之組合。在 Frege 式的理論，Sense 之三種屬性是被合併成不同的樣本。對任何一個有意義的單稱詞項（singular term）t，常被擁護 Frege 學說者假定為：

$$t \text{ 的 } Sense_1 = t \text{ 的 } Sense_2 = t \text{ 的 } Sense_3$$

（'='讀做「是」），即將三種屬性視若同一。如此一來，構成一種極強勢的主張。對一些詞項 t'，我們不難認同：

$$t' \text{ 的 } Sense2 = t' \text{ 的 } Sense3$$

這些 t' 都是用於表達描述性法（attributive use）的確定描述

12

詞，若這些 t' 不含專名或指示性詞項（如「最高的樹」'the tallest tree'），則可保證 t' 的 $Sense_1$，$Sense_2$，$Sense_3$ 都可視為相同。但是，這些 t' 都是特殊種類的語言表式。跨越 singular terms 的三種 $Sense_i$（i = 1, 2, 3）之認同（或識別）需要立據（或有妥當憑據的理由）；否則，Frege 式理論家的主張（a）：

（a）認定一專名之 $Sense_3$ 與此專名之所指不同。

所需的論證不足以支助、證實下列（b）：

（b）我們必須支持其某些元目同時是此專名之 $Sense_1$ 和 $Sense_2$。

面臨「Ferge 的謎題」（即，為什麼 'a = a' 與 'a = b' 有不同的資訊（值）？），我們很難堅持（＊）：

（＊）對於含有「暮星」（'Hesperus'）、「晨星」（'Phosphorus'）中任何一個專名的語句之資訊內容，這兩個專名將明確地必有相同的貢獻。

Kripke 的理論並不接受（＊）。但 Kripke 的「名之指稱理論」並不在基本立場上**反對**專名具有三種 $Sense_i$ 之任何一種，或反對專名具有這三種 Sense 所成的有序三組（$Sense_1$，$Sense_2$，$Sense_3$）表示的意義。

若 Kripke 的理論不反對專名具有 $Sense_1$，$Sense_2$，$Sense_3$，

爲什麼不少哲學家說 Kripkean theory 是 anti-Fregean theory ？其**意義**之根據何在？這問題將稍後解答。我們先指出 Kripke 之「名之觀點」與 J. S. Mill 觀點之差異。在 *Naming and Necessity* （1972 的論文，1980 的修正版的小冊），在下列段落

> 1972 論文[5]，P.322 ↑ 14 − P.323 ↓ 2，P.353 Footnote No. 66；P.327 ↑ 10 − ↑ 2
>
> 1980 小冊，P.127 ↑ 10 − P.128 ↓ 7，P.128 Footnote No. 66；P.134 ↑ 5 − ↑ P.135 ↓ 6
>
> （↑ x 表示倒數第 x 行，↓ y 表示第 y 行）

我們可察知 Kripke 的觀點：(1) J. S. Mill 有關 'singular' names 的觀點或多或少是對的，而有關 'general' names 的觀點是錯的；(2) Frege 與 Russel 採取了 J. S. Mill 有關 singular terms 之觀點，但放棄 J. S. Mill 有關 general term 的觀點；(3) 下列陳述（c）

> （c）「專名都不是可藉確定描述表達的」

可逼近地表示 Kripke 在這些指出的段落內的觀點。

---

[5] 1972 論文，見 D. Davidson & G. Harman ： *semantics of Natural Language*，（Dordrech（Holland）： D. Reidel，1973），PP.253 − 355，PP. 763 − 769。

藉 N. Salmon 提出的 'descriptional singular term'[6] 這概念，我們可把（c）陳述得更清楚。

> 定義：一個單稱詞項 t 是**描述的**（ descriptional ） ⇔ 有關聯 t 的一組性質 P_i（ $i \in I$ ）做爲 t 的 *Sense* 之一部分，使得在一特定的可能脈絡（或可能世界或可能情況）內，t 之所指是只由這些性質 P_i 語意上決定的唯一元目〔若無這些性質 P_i 與 t 對應，則 t 之所指是空的〕。

注意：針對 Searle 的 'cluster set of properties'，我們可允許 t 之所指是由 P_i（ $i \in I$ ）這些性質中充分多的部份 P_i（ $i \in J$，$J \subseteq I$ ）（雖非全部）來決定的。

在寫出 $i \in I$ 時，早已假定 I 爲一已知脈胳內的一已知指標集（ indexed set ），通常 I 是一個序集，其元素爲自然數，或 I 爲特定序集，這是通用的數學記示法。若 I 爲一群人，$i \in I$ 表示 i 爲屬於 I 之個體；在某一場合，P_i 可解說爲某人 i（ $i \in I$ ）所關聯的一個述詞 P。又' P_i（ $i \in I$ ）'這表示法與集合記號 ｛ P_i（ $i \in I$ ）｝有相同意思。

一個 descriptional singular term 是藉一組性質來指謂的詞項。這種詞項表達了人們對詞項所指的元目某種想像或想法。例如，確定描述詞「相對論的發明者」是一個 descriptional singular term，在此確定描述詞之用法採取 Donnellan 所說的修飾用法

---

[6] 參閱 Nathan Salmon 1979。

（ attributive use ）。

例如，「相對論的發明者」ε，依科學史可徵信的記錄，有下列 ①個人經歷，②學術著作／貢獻（在此略去），③以及在科學思想上的成名事實所刻劃的個人特殊性：

①個人經歷：

ε ： American physicist and philosopher. Born in Ulm, Germamy, 14 March 1879; renounced German citizenship , 1894; became Swiss citizen, 1900; emigrated to England in 1933 and to the United States in 1935: naturalized, 1940. Educated at the Luitpold Gymnasium, Munich, 1889-95; the Gewerbeabteilung, Aarau, Switzerland, 1895-96; Federated Institute of Technology, Zurich, 1896-1901; University of Zurich, ph.D. 1905. Married Mileva Maric in 1903, 2 sons; married Elsa Einstein Lowenthal in 1919. Technical Assistant, Berne Patent Office, 1902-09; Lecturer, University of Berne, 1908-09; Associate Professor, University of Zurich, 1909-11; Professor, Karl-Ferdinand University, Prague, 1911-12; Professor, Ferdinand Institute of Technology, Zurich, 1912-14; Professor, University of Berlin, 1914-32; Professor and Life Member, Institute for Advanced Study, Princeton, New Jersey, 1932-55. Herbert Spencer Lecturer, Oxford University, 1933. Recipient: Nobel Prize in Plysics, 1922; Gold Medal, Royal Astronomical Society, London, 1926; Franklin Institute

Medal, Philadelphia, 1935. Honorary doctorate: University of Geneva; University of Zurich, University of Rostock; University of Madrid; University of Brussels; University of Buenos Aires; University of Paris, Sorbonne, Paris; University of London; Cambridge University; Oxford University; University of Glasgow; University of Leeds; University of Manchester; Harvard University, Cambridge, Massachusetts, Princeton University, New Jersey; New York State University at Albany; Yeshiva University, Jerusalem. First Honorary Citizen, Tel Avia, 1923. Offered the Presidency of Israel in 1952 (declined). Fellow of the Royal Society, London, and the Franch Academy of Science, Paris. *Died (in Princeton) 18 April 1955.*

②著作：（略）
③科學思想上的貢獻（成名事實）：

ε transformed our most fundamental beliefs about the nature of the physical universe and thereby shook our faith in the possibility of achieving certainty in any intellectual domain. His theories are difficult, partly because they require one to discard patterns of thinking which are so basic that they seem an integral part of our human nature. The theories also have the popular reputation of being extrenely abstruse, in the sense that they concern only out-of-the-way phenomena alien to the experience of all but a handful of scientists in laboratories.This is wrong: for instance, a fact as crucial to ordinary human life as the ability of the Sun to give off heat and light was incomprehensible before ε.

The Newtonian Approach to physics which was regarded as axiomatic up to the beginning of 20th century might be described as treating the universe as a stage (three-dimensional space enduring through regularly-unfolding time) on which various players (lumps of matter) act upon one another (by transmitting and re-transmitting energy).

ε abolished his distinction between fixed stage and changing players; within his theories, the properties of space and time are themselves governed by the matter and energy in the universe, and these properties are by no means as austerely simple as the Newtonian picture suggests.

以上 ①、③ 可 信 資 訊 由 Institute for Advanced Study（ Princeton ,NJ, USA ）所提供。

①與 ③徵信錄內的每一個子句顯示這位「相對論的發明者」ε 的特殊性，這些性質之全體或所有這些子句之聯合，在科學史上可唯一地決定一位理論物理學家與哲學家 Albert Einstein。

定義：一個 singular term t 是非描述的（ non-descriptional ）
　　　　⇔ ：t 之所指不是以概念內容（用性質表示者）
　　　　爲中介。

18

　　典型的 non-descriptional singular term 是個體變元。個體變元在賦值 v：個體變元 $\mapsto$　個體　下才可視爲一 singular term（在此，v 爲一函數，x $\mapsto$ α 表示函數 v 使 x 取一個值 α ）。

　　　　定義：一個 descriptional singular term t 爲非徹底描述的
　　　　　　　（not thorughly descriptional）⇔ t 含有一個子表
　　　　　　　式（或一個子表式之子表式........，............），此
　　　　　　　子表式（或一個子表式之子表式，............）是一個
　　　　　　　詞項，但不是一個 descriptional term 。

　　例如，若 s 是指 Socrates 的一個 non-descriptional term ，則確定描述詞「 s 的夫人」（'the wife of s'）雖然是描述的（descriptional），都不是徹底描述的。

　　　　定義：一個 descriptional singular term t 是徹底描述
　　　　　　　（thoroughly descriptional）⇔ t 是描述的，做爲 t
　　　　　　　的子表式（子表式之子表式，............）的 singualr
　　　　　　　term 都是描述的。

　　注意：徹底描述的單稱詞項只表示**純概念**，不涉及（直接）指涉的個體。

　　專名之描述論， DT ，堅持專名與指示性表式都是 descriptional singular term 。從 Frege 的相干著作《 On Sense and Reference 》與《 The Thought 》中，筆者尚未能發掘 Frege 有支

持下列（d）的論證，雖然我們知道他似乎認為：通常的專名有時是描述的，甚至於是徹底描述的，他所舉的例似乎是在主張下列強勢的觀點（e）：

（d）一個專名與一組確定描述詞是同義的（或語意上對等）。

（e）所有專名都是徹底描述的。

徹底描述的單稱詞項顯然使這些詞項之三種 Sense（Sense$_1$，Sense$_2$，Sense$_3$）不易區別的詞項。因此，對專名來說，Frege 式的指稱理論都牽涉到高度結構化並預設某理論（或 theory ladden）的 'Sense' 概念。

Kripke 以及其他人倡導的「**指稱之新**理論」，最重要、最根本的論旨（中心主張）是：

K4. 專名全然是非描述的（Proper names are entirely non-descriptional）。

這個觀點並不蘊涵：放棄專名之 Sense 具有前面提過的任何一種 Sense$_i$。K4 顯然是 Anti-Fregean viewpoint「即與（e）相反，與「單稱詞項不僅是描述的，並且是徹底描述的」這個陳述完全相反。針對此點，Kripke 1972、1980 有關專名之論證不僅支持「專名不但不是徹底描述的，並且專名全然都是非描述性的」。這一觀點有一直接結論：許多確定描述詞因含有許多名／專

名，以致於未能成爲徹底描述的詞項。

K4 比前面提到的 K2 強。但 K3 與 K4 之間的關係未清楚。

假定 Sense 指滿足前面提過的三種功能中某一種 $Sense_i$，而排除其他二種 $Sense_j$（$j \neq i$），則 Kripke 並不論證 K3 可由 K4 導出，並且筆者懷疑他是否有些意圖。假定 Sense 同時是 conceptual content、決定所指之語意方法、及認知內容這三者；則 Kripke 贊同 K3，K4 直率、直接地表達了這點。

支持 K4 的論證有三種，模態的（modal），知識論的（epistemdogical），形上學的（metaphysical）論證，請參閱 Kripke 1972，1980。除了模態論証外，其它二種論証有其脆弱的假設部份，我們將另文剖析。

四、歷史鏈理論之問題與困難

歷史鏈理論之基本想法是一名 N 與此名之所指 e 在「歷史因緣」上以某種方式聯繫。但有些擁護此理論者都主張說話者不需要 e 的認同知識（或識別知識，identifying knowledge）。如果溝通之目的之一是要獲得有關 N 與 e 的正確常識或真正信念，則這種說法將有困難。

例 1. 假定有一群交談者 H_1，H_2，$\cdots$，H_k。H_1 原來未熟悉名叫 N 的元目 e。H_k 提供了資訊（可能含有部份錯誤）使得 H_1 得知此名 N。在交談過程中，H_1 以他擁有的資訊或錯誤資訊提供 H_2 名 N，H_1 並使用名 N 傳達一些訊息，$\cdots$，每一個交

談者 H_{i-1} 向 H_i 提供 N（ $i \neq k$ ）。對每個 i（ $i \neq k$ ）， H_{i-1} 是名 N 之提供者； H_i 是名之借用者；也是 N 之所指 e 之借用者。在提供名、借用指稱之過程內， H_{i-1} 憑其所知的資訊或錯誤資訊提供 H_i 名 N 以談論 N 之所指 e 。依歷史鏈理論，我們至少已有 N 之一歷史鏈：

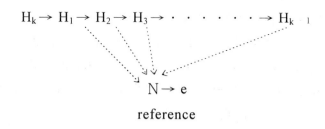

$$H_k \to H_1 \to H_2 \to H_3 \to \cdot \quad \cdot \quad \cdot \quad \cdot \quad \cdot \to H_{k-1}$$

$$N \to e$$

reference

在此，箭頭 → 表示 N 之提供，箭頭 H_i ……> N 表示： H_i 原先未知道 N 、 e ，而是藉 H_{i-1} 提供 N 之資訊（可能含有錯誤部份）後， H_i 才獲知 e 或 N 之所指，

$$H_{i-1} \to H_i$$

$$N$$

H_i 是 H_{i-1} 在交談 / 溝通過程內的「中介站」。假定 H_i（ $1 \leqq i \leqq k-1$ ）都遺忘了 N 及 e ，則依歷史鏈理論，要確實知道 N 之所指，只有追蹤到 N 之提供之原點， H_k ，此時 H_k 是否需要最起碼的認同資訊 / 認同知識才可建立有關 N ， e 的真正信念？除了 H_k 以外（對交談者而言）雖然『在一般情形下，可用名 N 以

指謂 e，即使他們對 e 是無知的』，仍然可進行交談。但是，如果 H_1，H_2，···，H_{k-1}，H_k 之溝通是一個 formal discourse（如某專題的 Seminar），要獲得 N，e 的真正信念或正確知識，元目 e 的認同資訊／認同知識豈是『可以不需要的』？

　歷史鏈理論只可用於平常的、日常生活的情況。

　依歷史鏈理論，以及由 J. Almog，D. Kaplan，N. Salmon 等人提出的直接指稱理論（direct reference theory），站在說話者之立場來看，含有一個名／專名的（直敘）語句是一個指稱表式，表達出說話者指涉某一確定元目的命題（或思想）。在涉及**溝通**時，這二種理論必須預先假定（presuppose）下列臆設（assumptions）：

(i) 說話者所發出的信號（signals）／語言記號（linguistic signs）／語句與聽者所接受到的信號／語言記號／語句之間有共同的所指，並且所指的元目是相同的。

(ii) 含有同一個名／專名的二個語句決定相同的所指。若此名／專名無所指，或者指稱一群相異元目，則這些語句將缺乏認知意義（cognitive meaning）或產生歧義。

　在自然語言的溝通脈絡內，（i）與（ii）這二項要求頗有

困難；有了認同知識／認同資訊可望降低溝通之困難。

　　例 2. 在人們的習俗上，專名用於一個個體（一個元目），或應用於視若一單位的集體名詞（如「聯合國」，'UN'）。當然，在使用專名時，我們應能知悉專名之所指與特殊用法，否則，其用法將無意義。說話者發出的，涉及專名的信號／語言記號／語句與聽者所接受者應有同一個指稱，否則不是發出者錯誤、無知，就是接受者接受錯誤的資訊，或是接受者應予放棄的。在資訊繁雜而頗有污染的時代裡，聰慧者以其（正確）判斷放棄「無聊的」資訊。在現代人，能接受資訊、放棄資訊的能力是極需要「培養」的。最簡單的例證：一位學理論物理學的資優生進入 T 大圖書館，發現了現代數學的極佳參考文獻，說出『 Nicholas Bourbaki 是一位大數學家，著作等身，‧‧‧‧‧』。從當代數學的歷史常識來判斷，這句話是無意義的。因為， Nicholas Bourbaki 是一群年齡未超過 55 歲的法國優秀的數學家所組成的群體，約在 40 年代後為了使法國的純數學研究揚名於世，借用 19 世紀普法戰爭戰敗的法國將軍之名 'Nicholas Bourbaki' 為集體創作之作者名稱，他們從事整理，撰寫現代純數學之概念、方法、結果，出版其數學專著而揚名於世。

　　'Nicholas Bourbaki' 這個集體之專名同時印證歷史鏈理論及這件事：應用一專名時，使用者必須具備此專名之所指之認同資訊或認同知識。

　　〔問題 24〕除了確定描述詞之外，尚有什麼途徑可提供一個專名之所指之認同資訊／認同知識？

這個問題已不是語意學的單純問題。

依 Kripke 之觀點，**固定一名之所指**，其功效正如同 Strawson 所說的『無確定描述詞支助的名是無價值的』。 Kripke 對這種說法填加了經驗方面的觀察：這種確定描述詞不賦予一名以意義而只固定了此名之所指。從另一角度看，這是歷史鏈理論對（名之）描述論之一讓步，也構成了歷史鏈理論之一困難———以確定描述詞支助一個名之使用，其功能是固定此名之所指，說話者或名之使用者能決定是他所提到的名究竟指什麼，並且此所指不是歷史鏈內的對象。

例 3. 假定我們所知的 Aristotle （的思想）都來自他的已知著作的許多原稿之譯文，包括他自己的短篇自傳。在此， Aristotle 本人只依第一人稱的「我」（用**希臘文**或其他被譯**外文**）指他自己。又假定這些原稿都是由 Aristotle 的奴隸根據 Aristotle 的口述記錄下來，又加以謄寫的，在謄寫完畢之後這位奴隸在原始稿末段簽上 'Aristotle' 的希臘名。 Aristotle 的奴隸叫做 'Aristotle' ，這是一曲解的故事。由於 'Aristotle' 這個名出現在原始稿之終結處，後來人（一直到現在）我們都視 'Aristotle' 之名是（我們使用的） 'Aristotle' ，這個名並非他在古希臘時代所用的名。依據歷史鏈理論，當我們使用 'Aristotle' 這名時，我們指 Aristotle 的奴隸，而非 Aristotle 本人—因為 Aristotle 之奴隸用 Aristotle 自己的名 'Aristotle' 簽寫於文稿終結之處，這位奴隸指稱他自己，由此而開始歷史的指稱之鏈，以致於傳下去。這正是

名之歷史鏈理論之一錯誤之處。雖然，Aristotle 的奴隸以 'Aristotle' 這名指稱這奴隸自己，而開始指稱之鏈，但在使用 'Aristotle' 這名時不是指 Aristotle 的奴隸，而是指 Aristotle。因為 'Aristotle' 之所指是由確定描述詞『這些原稿之作者，整理者』所固定，我們指稱 Aristotle。

筆者贊同 Kripke － Putnam 之主張：『自然類詞項都是 rigid designator』，但不完全同意 Putnam 的『自然類詞項之隱固性是藉其樣品／樣本與視覺核閱所引進的』。有些自然類之存在是先憑科學預測（ scientific prediction ）引進，後經證實的。例如，天文物理學內的黑洞（ black hole ），粒子物理學內的**微中子**（ neutrino ）。在自然類之外的領域內，許多名／專名之引進也是憑各種不同的宗教預言，人事之預先計畫或預意的策劃行為等等而引進的。例如，**希臘神話**中司因果報應與復仇的女神 Nemisis 被假想為太陽的伴隨者，每隔二億六千萬年就要干擾 Oort 的雲。又如建築師在計畫建造一建築物之前，已為建築物（尤其是大廈之類）預先命名；擔負輸出入商品的輪船公司在委託造船公司造船時，已有類似的命名計畫。在這三種命名的情形，自然類、宗教類、人工類之詞項之引進不完全依隨名與其所指的**指涉**鏈之性質。

〔問題 25 〕歷史鏈理論如何解說（ i ）人工類詞項與（ ii ）科學內 theoretic terms 之各自由來？

歷史鏈理論，顯然，似乎將可能之事認為不可能，很難於解

說**指稱改變**之事。依此理論之說法，我們在一語言內引進一個詞項或一個名時，此詞項之所指已隨引進之動作／行為而固定，但**指稱**也可隨之改變。例如，‘gay’之指稱，已由『行為上的歡欣』演變為『服裝之華麗鮮艷』，再演變成『男人之同性戀』。

　　Gareth Evans 1973 曾指出這一事實：即使說話者有意隱固地保持指稱，但一個名因**錯誤的認同**（ misidentification ）而改變此名之所指，這事實與歷史鏈理論矛盾。

　　例 4.（ G. Evans 之例）Evans 指出 ‘Madagascar’ 這個名原先指非洲大陸之一部分而不是現在所說的 ‘Madagascar island’。Marco Polo 誤認了‘Madagascar’之所指而將此名應用這個島。依據歷史鏈理論，‘Madagascar’ 應為**非洲大陸之一部份**之名稱，因為 Marco Polo 之使用此名與由他開早期的指稱鏈有關，這鏈說 ‘Madagascar’不是非洲大陸之任何部份之名，針對『名固定所指』說法，經人為因素而致指稱改變這一情形，歷史鏈理論是錯了。

　　由此可知， real reference 可被轉移至另一 real reference ； fictional reference 能轉移至 real reference ， real reference 轉移到 fictional reference 。在這些情形，已因人們使用名之**意向**以及意向改變（ intention change ）而使保持歷史鏈內**指稱之傳遞**的原先意向（ initial intention ）失效或被放棄。

　　〔問題 26 〕在經驗科學內，一理論之改變（ theory change ）是否蘊涵此理論內的理論性詞項（ theoretical terms ）之認知意義（ cognitive meaning ）之改變？能否使這些詞項之所指保持固定？

〔問題 27〕歷史鏈理論如何解決 Frege 謎題及其他三大問題？即〔問題 7〕——〔問題 10〕。

　　這問題由 Michael Devitt 1981 探討過，至目前爲止，因有論證上的一些險隘，而致未完全成功。

　　Kripke 說過確定描述詞固定一名之所指，這說法使名／專名的描述論之中心主張（專名之所指是由專名使用者所聯想到的一組確定描述詞爲中介來決定的）復活。

　　雖然歷史鏈不能立刻決定說話者所提到的元目是什麼，但歷史鏈與『固定名之所指』這個論題有關。在決定名之所指時我們必須與同一語言社群之其他成員聯繫，追蹤此名之所指之始源。歷史鏈在決定被指稱元目是什麼時具有決定性的運作效力，但這種效力並非源自歷史鏈本身而是人們能給予此名確定描述詞這一事實。

　　歷史鏈理論與描述論各別的不同動機（motivation）源自不同的直覺。描述論之動機是基於這信念：名之使用者在其心靈中有一元目，『在心靈中有一元目』是心靈表徵（mental representation）這一層次之事，欲將此淸晰地表現爲人們所能知覺，則需要某些確定描述詞來表達這元目如何被想像及思考。歷史鏈理論之動機是基於這信念：指稱一個元目，指稱這一行爲／動作是在溝通之歷史鏈上，並與此元目所對應的名及用法聯繫。這二種直覺是由於歷史鏈理論者與描述論者各注視了 reference／referent 之二種極端不同的層面而產生的。這二個層面各爲其對手理論提供反例，並且這些反例都牽涉到這二個層面。主張描述論

28

者中，名之使用者與確定描述詞之提供者（這二者可以是同一個人與不同的一群人）難免有錯誤，並有局限的層面。我們稱這群人為「A 群」（或**描述詞之局限者**）。主張歷史鏈理論者中，有一群不易犯錯，並不受限於層面之限制，又有能力制定 A 群所說所信的正確的確定描述詞，這一群人不同於 A 群，可稱為「確定描述之全盤觀點者」或 'B 群'。B 群大多不承認 A 群為他們自己所用的名之所指提供正確的確定描述詞，但 B 群自己則有這種正確的描述詞。A 群一直要求人們（包括 B 群在內）有「固定所指」的充分知識（認同描述／認同知識／認同資訊），對「大眾」而言，這是一種不易達成的、不可能實現的要求，因此使 A 群及「大眾」容易犯錯。另一方面，B 群不要求 A 群知道相干的歷史鏈。至此，主張或創導描述論的哲學家若要拯救他們的描述論，必須具有 B 群的全局性觀點，這是他們要解決『如何決定名之所指？』這問題的有力線索。

〔問題 28〕在許多場合／情形下，說話者因受限於常識／知識或語言能力，在言說時不能提供（確定）描述詞來指稱其所說的對象／元目。在決定對象／元目時，正確的確定描述詞居於何種角色（其功能是什麼）？

五、再檢討 Kripke 與直接指稱論者之「名之論旨」

重述這些論旨如下：

K3. 專名缺乏 Fregean Sense。

K4. 專名是全然非描述性的。

D1. （K3 與 K4 之融合）。名／專名不是具「意義」的詞項—名／專名無 Fregean Sense 以決定其所指，名／專名不是描述性的。

D2. （即 K1）。一個名／專名在每一個可能世界／可能情況內指稱同一個元目（即，名／專名都是 rigid designator）。

　　直接指稱理論之論旨 D1，D2 中筆者只接受 D2，因為在處理語句／命題之邏輯解釋時，諸專名**視若** individual constant，而保持其固定的所指。但是 K3，K4 與 D1 這些論旨是由於其創導者太過於注重名／專名之狹窄的約定層面而忽略了人們在命名時對初生或初生不久的嬰兒（被命名者）對專名所懷持的各種含意，例如，命名者對被命名者賦予名之「理想」、「階級」、「宗教觀」，以及特有的投射含意，這些都不是 Fregean Sense 的 Sense。這在東方世界尤其明顯。在西方工業化國邦，深信被命名者之名具有持續性，是被命名者一生之永久財產。在其他社會，一個人在生存期限內因有重大變故而有另取新名之舉，此時造新名者更考慮到特有的含意。在某些文化內，一個人可擁有多種通用之名，而在不同時期更被賦予不同的稱呼。人類學家發現

人類之命名有接近普遍性的原理[7]：（１）一名是社會分類之設置，這種設置（或設計）使人們（說者或被說者）依其雙親的、社會的、種族的或地理族群來分類，但同時用名來識別帶名者。（２）人名附帶可做兩個功用：範疇化與差分化（categorization and differentiation），例如同屬於基督教或來自基督教背景的個體（這同屬於一個範疇）的 initial name（first names）以 'Paul'，'Joseph'，'David'等等表示，而其 last names 以不同拼音法或另加標號以顯示來自不同地區（這是差分化之應用）。在非洲地區，同屬於**農民**範疇時，若是男性，其為窮人或羊群牧人或較為富有者，都有不同的支助者之名之標記。在「落後地區」不同社群的人們，他們的專名有的強調社會分層階級的性質，有的強調個人化的性質，總之，命名之習俗與方式似乎考慮到社會系統之功能與人們形象這二者之間的平衡。當然，我們所說的這些**命名及名**的因素都是從外觀來論斷的，這些因素都是名所涉及的特有含意。

　　從社會／文化／習俗層面探究名與命名，結果使我們懷疑 D1、K3、K4。這些論旨不全是假，也不全是真。

---

[7] 姓名、人名在文化人類學方面的研究可參閱下列：

(1) Claude Levi-Strauss: *Le pensee Sauvage* (Paris: Plon, 1962)；(2) Claude Levi-Strauss ： *Structural anthropology*, (New York: Basic Books, 1958), Second printing 1963；(3) W. H. Goodenough: *Personal names and modes of address in two oceanic societies*, in M. E. Spiro (ed.): *Context and meaning in cultural anthropology*: (New York: Free Press, 1965).

　　名 / 專名不是具「意義」的詞項這一說法，也許在科幻小說及某種真實情形可找到實例：例如，某一有名的「星球戰爭」電影中，有一個名叫 'R2-D2' 的機械人，這個名意謂什麼？問過科幻小說迷及科幻小說的作者 Asimov，他們都茫然不知名之來源。也許電影 / 小說的編劇者以及小說的作者無法深究機械人的功能才賦予名，而隨意地以一種編號來稱呼機械人。筆者在國外也詢問過緬甸（ Burma ）籍的學人以及對姓名學（ Onomastics ）深有研究者；問過曾任聯合國秘書長的緬甸外交官 U Thant 之名 'U Thant'（中文譯作「宇譚」）意謂什麼，他們也無從告知。也許，'R2-D2' 及 'U Thant' 這兩個名除指稱一種（一個）機械人與一緬甸的外交官外，無其他意義，這二個實例可算部分支持 D1 這個論旨。

　　K3 、 K4 、 D1 這三個論旨可能牽涉到其創導者高度的形上學思想（尤其是 Kripke ，涉及 essentialism 這一思想）。這些論旨不能成功地切合語言之事實。

　　除命名者知其賦予的專名有私密的含意外，在公用語言內專名之功能是指稱一個元目或一個人物。專名在缺乏鄰近脈絡之助，仍然可有一適當的所指。專名有時可含描述性（修飾性）的詞項，但這點與其為專名之功能無重大關聯。一個專名可有值得注意的含意而這些含意往往來自傳說，例如，一個拳擊選手被稱為「鋼鐵」。在一般文法上的用法，專名與通名（ common name ）有不同的功能，後者之指稱通常不是唯一的，而前者可適切應用於 (1) 人，(2) 地理，(3) 時序（如 *Christmas* ， *Easter* ， *January* ， *Monday* ，等等 ），(4) 唯一元目（如 *Excalibur* （劍名）， *Deep Blue* （ super-computer 之名）），(5) 唯一動物（如 *Bug Bunny* ），

(6) 公共建制與設施（如醫院，圖書館），(7) 報紙雜誌，(8) 書名，藝術作品，(9) 單一事件（如 1938 年 11 月 9 日在德國發生的 *Kristallnacht*）。針對這些用法，專名之所指都是唯一的，並且具有 Fregean Sense 與各種 non-Fregean Sense，而這些 Sense 大都與人之歷史觀及種種遺留下來的傳說有關。在日常生活中，名人之名可變成一個述詞（predicate）以意謂某種意含而成為人們口頭詞彙之一部分，例如，說台灣之某一政客 P1（暫隱其姓名）是**毛澤東第二**，某政客 P2 是**吳三桂**，某學生是**愛因斯坦，**等等，這些都可視為語言表式之改進或演變之過程，但僅憑這些過程不能說明專名為什麼能達成適當的指稱。

　　前面提過的 B 群中，可有具理想化或十分接近理想化的一群人物（稱這群為「C 群」）——他們對名／專名之指稱關係具有較精明、謹慎的「追根究底」的態度，在探索這種關係時，他們不犯識別錯誤（misidentification），他們能徵別**空名**（empty name，無所指之名）與非空名，而所引用的／製定的確定描述詞有歷史（鏈）上的事實根據。於是，C 群對人之專名可依據事實〔如人事資訊、納稅資訊以及其他相干資料／事實所登錄的事實〕依人之一生／生存期間之 (1°) 出身背景，(2°) 學前經歷，(3°) 學歷，(4°) 重要經歷，(5°) 重大事件，(6°) 社會位階，(7°) 社會貢獻（包括貢獻性的服務，著作等等），可隱固地確定這些事實所指的人物是那一位人物。(1°) — (7°) 都可視為決定一人的確定描述詞之相干集。這種觀點可稱為『名之檔案—檢索觀』（'File-Retrieval Conception of Name'），這種觀點融合了 A 群與 B 群之觀點。(1°) — (7°) 所描述的專名不是空名。這種觀點也是「國稅局」（'IRS'）—「（聯邦）調查局」

（‘（Ｆ）BI’）之專名觀，比起哲學家之專名理論更切合語言事實、社會事實，不流於「形上學」思想之爭論。

例：依據英國某一個資訊調查單位及 Citation Service 單位所提供的正確資訊／事實，一位名叫 ‘George Orwell’ 的作家有如下檔案：

> **ORWELL, George**. Pseudonym for Eric Arthur Blair. British novelist, and political and social commentator. Born in Motihari, Bengal, India, 25 June 1903. Educated at Eton College (King's Scholar), 1917-21. Served with the Republicans in the Spanish Civil War, 1936 ﹕ wounded in action. Married Eileen O'Shaughnessy in 1936 (died, 1945); married Sonia Mary Brownell in 1949; 1 adopted son. Served in the Indian Imperial Police, in Burma, 1922-27; returned to Europe, and lived in Paris, then in London, working as a dishwasher, tutor, bookshop assistant, etc., 1928-34; full-time writer from 1935; settled in Hertfordshire, 1935, and ran a general store until 1936; Correspondent for the BBC and *The Observer*, and columnist and literary editor, *The Tribune*, London. Died 21 January 1950.

我們暫略 George Orwell 的著作（包括 Political and Social Commentary, Novels, other writings ）以及別人對他的評述類作品。這一專欄內的描述詞 “ Pseudonym for.............. Died 21

January 1950 ”以及相干著作足夠決定所描述人物指 George Orwell 這個人。這一專欄所指稱的人物 George Orwell 是此專欄所提的一組確定描述詞以及相干的著作（包括別人對他的評述類作品）所顯示的（ Fergean 與 non-Fregean ） Sense 來決定的。這實例足以證明：專名有其 Fregean Sense 與 non-Fregean Sense 。

含有名／專名的語句，有一自然的解釋：名／專名所指的元目是此語句所言或所表達命題之一成分，例如：

1984 年的台灣交通部長擁有二部汽車。

表示一個命題，這一命題有史實上的真實性。但是，含有空名（ empty name ，無所指的名）的語句，則這種解釋將有困難。

〔問題 29 〕若一名／專名不視同為一組確定描述詞之縮寫或簡稱，直接指稱論者（以及 Kripke ）如何解說空名？如何解說含空名的語句的意義？

這問題對直接指稱論者是一極大的挑戰。
使用空名，至少引起下列問題：

〔問題 30 〕含空名的語句是否有意義？在一言述場合，如何說這些語句之真假？

〔問題 31 〕能否創建一種邏輯——無論是否涉及模態

35

（modality）——以處理含空名的語句，如何處理 fictional object？

〔問題 32〕（與〔問題 20〕有關）。如何解說含空名的語句所表達的思想之內容？

〔問題 33〕（與〔問題 20〕有關）。涉及空名的命題心態（propositional attitude）應如何處理？

〔問題 34〕多數人在使用空名時所涉及的 fictional discourse 是否有一般的處理原則與方法？

哲學或哲學分析，不同於科幻小說。但科幻小說的 discourse 可望給對 fictional object，fictional discourse 的哲學解析一種思想實驗（thought experiment）和一些有力的提示。

六、非終結的論斷

綜合作者之〈名與指稱的一些問題〉（《台大哲學論評》第 20 期）與本文，我們對於名／專名（以及自然類詞項）作一鳥瞰式的總結。

1963 年以來，名／專名之爭論之主題是環繞（Frege、Russell、Searle、Linsky 等人的）描述論（description theory）與（Kaplan、Almog、Salmon、Wettstein 等人提出的）非描述

論（ non-descripion theory，包括直接指涉理論）之不同觀點之爭論。這些爭論之結果有二，一是 Locke 式的臆設（ Lockean assumption ）被非描述論者放棄。這一臆設之中心主張是說：（人之）語言、思想、言述（ discourse ）在意向上的特徵（ intentional features ）只由各個別的說話者／思想者之「內在的」心理特徵衍生出來的。依英哲 John Locke 的意義學說（即 ideational theory of meaning ），一說話者／思想者對一（非原基）詞項[(non-primitive) term]的瞭解與對（非原基）概念的瞭解，是在他擁有應用此詞項／概念之一組必要條件以及所有這些條件之聯合所成的充分條件。

J. S. Mill 對於一般詞項（即 singual term 以外的詞項）持 Locke 式的觀點，並認為專名有所指而無意含，人們可引用一專名以指稱某一元目（或對象），雖然他不賦予此元目／對象任何性質。

Frege 為詞項標設了（二個意義）'Sense' 與 'Reference'（「意含」與指稱），以說明等同述句 'a = b' 之具有資訊內容。依 Frege 思路， singular term 之 sense ，連同真實世界或可能世界內的狀態決定此詞項之所指（ referent ），專名之 sense 是說話者使用（或提涉）此專名時所關聯的（一組）確定描述詞（之聯合）之 sense 。

Russell 之描述理論不用 Frege 的 'Sense'，他認為一指稱詞項（ referring term ）或一指稱表式（ referring expression ）在意義上的整體貢獻只是此詞項／表式所指稱的元目，而通常的專名在 Russell 的邏輯分析下只是確定描述詞的縮寫。 Frege 或 Russell 的哲學觀點成為後來 Searle 、 Linsky 等人所建立的「名描述理論」，「名之確定描述詞之相干集理論」（簡記作 ' DT '）之基

石。於是，語句

（ a ） Aristotele is bald

在 DT 內成爲下列語句之縮寫：

（ b ） The student of Plato, the autherof the "Nicomacheam Ethics", and the teacher of Alexander the Great, is bald.

依 Russell 式的分析，（ b ）可表示爲

（ c ） $\exists x \{ \forall y [\text{Studen} (y,p) \wedge \text{Teacher} (t,a) \leftrightarrow y = x] \wedge \text{Bald} (x) \}$

（在此，'p' 指 Plato，'a' 指 Alexander the Great）。再予分析，專名（ individual constant ）， p ， a 可化約爲量化符號與其它符號所成的表示。在 Russell 看來，可思考的與可表示的語句／命題之主要成份最後可化約爲人們所能**親知**的，與知覺狀態有關的元目，在此，**親知**（ acquaintance ）是一種未有任何（認知的）中介項目，不可能錯謬的認知途徑（ epistemic access ）。

　　非描述論者反對描述論。Kripke 提出了三種論証,斷言名之描述理論之錯誤。其中最具效力的是模態論証（ modal argument ）。他憑此斷言：說話者／思想者在使用專名（或提涉專名）時，專名不是（他所聯想到的）**確定描述詞之相干集**之同

38

義詞。依描述論者之觀點，

（d） Aristotle is F

（F為一 predication 或一組性質之聯合）此一語句／命題在每一可能世界內為真，但依 Kripke 及非描述論者之觀點，（d）為假，因為**專名**（視為一種 individual constant）為一固定指稱詞，若在任何可能世界內有所指[即，此專名不是空名（ empty name ）]，則所有可能世界內此專名指同一個元目，而確定描述詞之相干集，或其表達的述謂性質 F，則可被相異的可能世界內的相異元目所滿足。由此（d）為假。

雖然確定描述詞（之相干集）與專名不是同義的，但在真實世界（或可能世界）內卻固定了專名之指稱。這些確定描述詞（之相干集）有其指涉功能（或，能有所指），但最弱的一點是難於（不同的可能世界內）拾取唯一的元目。一說話者／思想者將一專名關連到唯一的認同描述（ identifying description ），滿足此確定描述詞的元目不是此**專名之所指**之必要條件，也非充份條件。

Donnellan - Kripke 的名／專名之歷史鏈理論（ Historical chain theory of name ）／因緣論（ Causal theory of name ）是在前述的歷史背景下產生的另一種「名／專名之指稱理論」。一名／專名，是與被命名／稱謂的元目在歷史鏈／因緣關係上的一系列的知覺互動的原始用法有關，而這種用法也伴隨一種意向（意圖， intention ）以保持原始用法下的所指，而未必要求專名有任何描述性的內容。但是歷史鏈理論／因緣論本身仍然有一些重大

問題留待解決。

　　非描述論者以及擁護歷史鏈理論／因緣論者,在做語意分析時,其所採方向與 Russell 之分析方向相反,前者不藉助內在的心理狀態來分析人們之語言、思想,言述在意向(intention)方面的特徵,而只部份地以說話者／思想者之環境狀態為準來刻劃人們之心理狀態,減弱了人們在使用語言、在思想、在言述時意義之 conceptual role 。非描述論者,擁護歷史鏈理論／因緣論者,太著重於人們之環境依隨性(environmental dependencies),使用這種學說於研究心理學與語言學題材時,環境依隨性將使「具意向的言述」不適於對心理學、語言學之題材作一科學的說明,這是非描述論者、歷史鏈理論者、因緣論者本身之局限。

洪成完　台灣大學數學系
FAX：(02)3914439

參考文獻

Joseph Almog (1984) , Semantic anthropology , in Peter A. French et al (eds.)： *Midwest studies in philosophy* , vol.9 , *Causation and Causal theories* , (Minneapolis ： University of Minnesota Press , 1984)

Joseph Almog , John Perry , Howard Wettstein (eds.) (1989), *Themes from Kaplan* , (Oxford ： Oxford University Press 1989)

Tyler Burge （ 1977 ）, Belief de re , *Journal of Philosophy* , vol. 74
　　（ 1977 ）, pp.338-362.

Keith S. Donnellan （ 1966 ）, Reference and definite description ,
　　Philosophical Review , vol.75 （ 1966 ）. Reprinted in Stephene
　　P. Schwarz （ ed. ） : *Naming , necessity , and natural kinds* ,
　　（ Ithaca （ NY , USA ） : Cornell University Press , 1977 ）.
　　pp.281-304.

Keith S. Donnellan （ 1972 ）, Proper names and identifying
　　description , in Donal Davidson and Gilbert Harman （ eds.） :
　　Semantics of natural language , （ Dordrech （ Holland ）: D.
　　Reidel , 1972) .pp.356-379.

Gareth Evans （ 1973 ）, The Causal theory of names , *Aristotelian
　　Society Supplementary Volume* 67 （ 1973 ）. Also in Gareth
　　Evans : Collected papers , （ Oxford : Clarendon Press ,
　　1985 ）, pp.1-24.

P. N. Johnson-Laird （ 1983 ）, *Mental model , toward a cognitive
　　science of language , inference , and consciousness* ,
　　（ Cambridge : Cambridge University Press , 1983. ）

Gottlob Frege （ 1892 ）, On sense and reference , English
　　translation of "Uber Sinn und Bedeutung" , in A. W. Moore
　　（ ed. ） : *Meaning and reference* , （ Oxford : Oxford
　　University Press , 1993 ）, pp. 23-42.

David Kaplan （ 1988　a ） Demonstratives : an essay on the
　　foundations of semantic , logic , metaphysics , and epistemology
　　of demonstratives and other indexicals. In Joseph Alomog et al

（eds.）： *Thememes from Kaplan* , pp. 510-592.

David Kaplan （ 1988 b ） After thought , Ibid. , pp. 565-614.

Saul A. Kripke （ 1972 ） , Naming and Necessity , in Donald Davidson and Gilbert Harmon （ eds.）： *Semantics of natural language* , （ Dordrecht Holland ） ： D. Reidel , 1972 ） , pp.253-355. Addenda , Ibid. , pp.763-769.

Saul A. Kripke （ 1980 ） , *Naming and Necessity* , a correct version of the 1972 article , plus an appendix. （ Cambridge （ MA , USA ） ： Harvard University Press , 1980 ） .

John Stuart Mill （ 1843 ） *A system of logic* , （ London ： John Parker , 1843 ） .First edition. Also （ Toronto ： University of Toronto Press , 1973-1974 ）

Nathan Salmon （ 1979 ） , Essentialism in the current theories of reference , Dissertation , University of California at Los Angeles , 1979. The popularized essay is in 1989.

Nathan Salmon （ 1989 ） , Reference and information content , in D. Gabbay and F. Guenthner （ eds.）： *Handbook of philosophical logic* vol. 4 , Topics in the philosophy of language , pp.409-461.

John R. Searle （ 1958 ） , Proper names , *Mind* , vol.89 （ 1958 ） , pp.182-195.

P. F. Strawson （ 1950 ） On referring , *Mind* , vol.59 （ 1950 ） , in A. W. Moore （ ed.）： *Meaning and reference* , （ Oxford ： Oxford University Press , 1993 ） , pp.56-79.

（ 1959 ） , *Individuals* , （ London ： Methuen , 1959 ）

Howard Wettstein （ 1986 ） Has semantics rested on a mistake?

Journal of Philosophy , vol.83 （ 1986 ） , pp.185-209. Also in author's collection of essays , titled *Has semantics rested on a mistake and other essays* , （ stanford （ CA , USA ）： Stanford University Press , 1991 ）

關鍵詞：

definite description （確定描述詞）　　indexicals （指示性表示）

natural kinds （自然類）　　natural kind term （自然類詞項）

name （名）　　proper name （專名）　　referent （所指）

reference （指稱，指謂）　　referring expression （指稱表式）

representation （表徵）　　mental representation （心靈表徵）

rigid designator （固定指稱詞）　　singular term （單稱詞項）。

中文摘要：

在語言哲學內，名與專名之語意角色有兩種極端對比的觀點（或理論）：一個是立基於 Frege 的「**意含與指稱**」的理論，B. Russell 的確定描述論，後來經 J. R. Searle， P. F. Strawson 等人修訂後的「名的描述理論」。另一是由 J. S. Mill 的觀點演變來的「指稱之新理論」，包括 J. Almog， D. Kaplan， N. Salmon 以及 H. Wettstein 等人所發展的直接指涉（ direct reference ）理論，S. A. Kripke 之「專名固定指稱理論」和「名之歷史鏈理論」。Kripke 1972 、 1980 的貢獻是提出有關專名之論旨與歷史鏈理論。本文繼《名與指稱理論的一些問題》後，探究 S. A. Kripke 之觀點／理論，提出一些問題，並糾正許多人（包括哲學家與語言學家及語言處理專家）天真的錯誤—他們誤認 Kripke 的「名之觀點」是 J. S. Mill 觀點之翻版，歷史鏈理論是直接指稱理論。

《台灣哲學研究》第 1 期（1997 年 9 月）：45-62

語言的系統性與思想的語言[*]

鄧育仁

在哲學和認知科學的研究裡仍然有許多研究者將思想的歷程看待成一種以心靈內的語言（ mentalese ）呈現在思想者特定階層的心腦活動裡的歷程。這看法在哲學圈裡以 Fodor 的思想語言（ language of thought ， LOT ）的假說最著名（ Fodor ，1975 ，1980 ，1987 ，1994 ；Fodor & Pylyshyn ，1988 ；Fodor & McLaughlin ，1989 ，among others ）。本篇論文將以這 LOT 假說爲主，探討並批判思想語言這概念。我將先闡述 LOT 假說的主旨和支持該假說的主要論證，並說明這假說和語言的系統性（ systematicity ）具有怎樣的重要關連。我將重新檢討這系統性的要素，並論證說明 LOT 假說係立基於一個對語言系統性的不充分、不恰當的解說上。

LOT 假說將語言的系統性設定在特定階層的心腦結構和活動形態裡；然而這系統性實質上係扣連到我們的生活環境。我

---

* 這篇論文初稿曾發表在台灣哲學學會八十五年度學術研討會。我要特別感謝《台灣哲學研究》兩位評審的意見。雖然在準備完稿的時間相當匆促而無法仔細的回應他們的意見，他們的意見的確對我未來在相關議題的研究上有相當的幫助。

們可以從下述兩點瞭解這環境扣連的系統性：（一）語言使用在相當的程度上立基在我們偵測並處理環境裡重複出現的訊息形態的知覺和動作的技巧和能力；（二）語言的系統性在相當的程度上立基在我們和環境互動的歷程和形態裡；這樣的互動歷程和形態體現了一組環環相扣的原則，而這樣的原則不只使我們對語言的系統性有一種基本層面的瞭解，也使我們對特定的語言應當具備怎樣的基本樣態有一種質感上的把握（ cf. Johnson ， 1987 ， 1992 ， 1993 ）。

在說明 Fodor 的論點和我的批判前，有幾個觀點先提出來說明。第一，在探討語詞的語意的古典傳統裡，經常預設內涵和外延的區分，而內涵決定外延的範圍。 Putnam （ 1975 ）反其道而行之，主張內涵在相當的程度上取決於外延範圍裡的項目；換句話說，語意在相當的程度上取決於語言使用者所在的環境狀況。本論文基本上採行 Putnam 這類的論述取徑，試圖說明思想的系統性（特別是牽涉到使用語言的思想的系統性）在相當的程度上取決於思想者所在的環境狀況。第二，以下的分析反駁 Fodor 的計算取徑的分析，但這並不表示以下的批判反駁所有可能的對認知現象的計算取徑的分析。它的要點是任何對認知的分析取徑必須考慮思想如何立基在、體現在我們與環境的互動歷程裡。第三，下述的批判雖然以語言的系統性為主，但也涉及語言的生產性（ productivity ）和推理的融貫性（ inferential coherence ）。我會在適當的脈絡說明這些語言特徵背後的基本道理和原則。第四，如果下述的批判是正確，語言學習，特別是文法的學習，必須在相當程度上依賴如何偵測、利用體現在我們與環境的互動形態上。另外必須附帶說明

的是以下藉以論述的例子都是英文的例子。這並不表示下述的分析只適用於英文的例子。這些例子是用來說明所要論述的哲學問題、哲學觀點。採用這些英文例子只是因為這些例子背後都有一個具有相當系統性的學理分析，而不只是為了論證特定的哲學觀點而「量身訂製」的方便的例子。

思想語言的假說

對 LOT 假說最直接、最具說服力的證明是建立在下述三種相關的對語言使用的基本觀察（ Fodor & Pylyshyn ， 1988 ， among others ）。第一，語言具有生產性（ productivity ）。這是說我們所能說出的完構表述（ well-formed linguistic expressions ）是沒有一定的限定範圍；我們不會只說出聽過的和已經記好的句子；新的話語、新的句子總能在我們說話的場合裡不斷出現。第二、語言具有系統性（ systematicity ）。這是說我們能說出、能了解某句話的能力基本上會扣連到我們能說出、能了解其它和該句話語意相關的句子的能力。例如，如果你有能力說出、有能力了解「 John loves Mary 」，你就有能力說出並了解「 Mary loves John 」。第三、語言具有推理的融貫性（ inferential coherence ）。這是說語言的使用隱涵著許多我們賴以思考的推理形態（ inferential patterns ）。例如，如果你能從「 John and Mary and Susan and Sally went to the store 」推論出「 John went to the store 」，而且也能從「 John and Mary went to the store 」推論出「 John went to the store 」，你就能從

「 John and Mary and Susan went to the store 」推論出「 John went to the store 」。

是怎樣的原則使語言在我們的使用裡具有生產性、系統性和推理的融貫性呢？很明顯的，在我們使用的日常語言裡，每一句話原則上都可以被分解成是由較小的語詞單位所構成。以行話來說，日常語言具有組構性（ compositionality ）。是這組構性使日常語言在我們的使用裡具有生產性、系統性和推理的融貫性。以下我用幾個例子簡要的說明這主張，然後很快的切入本文所要探討的思想語言的問題。

先以上述所提的「 John loves Mary 」和「 Mary loves John 」來說。我們可以從這兩句話都是由相同的構成要素依據相同的組構規則所構成的句子來說明它們之間的系統關連。按照 Fodor 的說法，「 John 」、「 loves 」和「 Mary 」是上述例句的構成要素。它們在依據相關的組構規則下所構作出來的句子裡具有相同或相當的語意內容，而且不會因為所在的脈絡位置有所變化而使得它們的語意內容有所變化。這說明了為什麼句子與句子之間有系統性的關連。另外，我們可以用這些跨脈絡的構成要素，依據相關的組構規則，構作出許許多多的新句子，而且這些能被如此構作出來的新句子的數量沒有特定的上限。這說明了語言的生產性。再者，我們之所以能從「 John and Mary went to the store 」推論出「 John went to the store 」是因為，在恰當的分析下，後一句話是前一句話的構成部分，而且這構成部分在恰當的分解後仍然保留它原來所在的脈絡位置裡所擁有的語意內容。這說明了語言的推理的融貫性。

Fodor 相信，由於我們使用語言表達思想，日常語言的基本

特徵應當在相當的程度上反映思想的基本特徵。如果我們能在日常語言裡發現生產性、系統性和推理的融貫性這些基本特徵，思想也應當具有生產性、系統性和推理的融貫性。而且如果生產性、系統性和推理的融貫性係立基於組構性，思想也應當具有組構性。換句話說，思想，從組構性來看，是一種使用擬似語言（language-like）的訊息處理歷程。這語言或擬似語言的東西即 Fodor 所說的思想的語言（language of thought）。

這裡有一點需要特別注意：單單有 LOT 不會有思想的歷程。要有思想的歷程必須要有使用那語言或擬似語言的心腦歷程。在 Fodor 看來，主導這心腦歷程的機制是一種計算歷程的機制。這心腦計算的機制和 LOT 必須兩相搭配。兩相搭配下所呈現出來的樣子是這樣：由於這計算機制所賴以計算的是一種擬似語言的表徵系統，它必須是一種使用符號計算（symbol-computing）的機制；而這擬似語言的系統要能成為被這計算機制所操作的符號系統，它必須是一種在形式上可以從計算程序來徵定的符號系統。換句話說，它是一種具有遞迴表徵格式（recursive representional format）的符號系統。LOT 和日常語言一樣的地方是它們都是具有組構性的表徵系統，而 LOT 和日常語言不一樣的地方是它必須還是具有可以從計算程序來徵定的組構性的符號系統（Kaye，1995）。

由於 LOT 具有遞迴表徵的格式，它必須具有可預測的語法結構（predictable syntactic consequences），擁有自主範圍的表徵格局（autonomous representational scheme）。這些性質都必須具體化在我們心腦的結構或活動的形態裡。換句話說，在我們的心腦裡存在一個有自主範圍且獨立的表徵階層；它的結構

不受感官和運動的訊息形態的影響，也不因脈絡的變化而有變化。因此， LOT 的生產性、系統性和推理的融貫性也必須受限於可預測的語法結構，具有跨脈絡而不變的特色，並且不受我們與環境互動時所呈現的感官或運動的訊息形態影響其結構。以下，我將以語言的系統性為主要論題，對這點做進一步的討論和批判。

語言的系統性

在做進一步的討論和批判前，我先說清楚爭議的要點何在。我同意日常語言的系統性在相當的程度上反映思想的系統性。我也同意系統性立基在組構性上，而且語言具有組構性。然而我反對系統性及其所依賴的組構性原則是具體化在心腦內的自主的、特定的認知階層。對比於 Fodor 的主張，我認為語言的系統性和它所依賴的組構性原則其實和我們與環境之間的互動形態息息相關。

我先從下述的例子來說明這環境扣連的系統性的重要性（ cf. Jackendoff & Landau ， 1992 ； Talmy ， 1983 ）：

（1）a. The cup is under the table.

b. ？？ The table is under the cup.

如果我們依從 Fodor 的分析方式來看（ 1a ）和（ 1b ），我

們似乎不得不說這兩個句子具有系統性的語意關連，亦即我們不會找到一個人有能力說、也有能力了解（1a），但卻沒有能力說、也沒有能力了解（1b）。（請比照「John loves Mary」、「Mary loves John」的例子。）然而（1a）是一個恰當的、可理解的句子，而（1b）卻是一個語意上非常不恰當的句子。這語言現象意味著 Fodor 對系統性的解說很可能是不對的。到底是那裡不對呢？我先說出對這語言現象恰當的解說和分析途徑，再層層解剖出 Fodor 學說出錯的地方。

當我們說「the cup is under the table」，我們是以桌子當做參考基點（reference point），依這參考基點勾勒出一個空間範圍，而指明杯子就在那範圍內。從我們所擁有的知覺和動作能力來看，當我們在偵測、處理環境的訊息時，在沒有特殊理由或干擾因素的影響下，我們偵測的參考基點必須比要偵察的目標（target）在認知裡還來得突顯（salient）。在（1a）裡，桌子是參考基點，杯子是所要偵察的目標，而且桌子比杯子來得突顯；（1a）沒有違犯那知覺裡參考基點和目標之間突顯度的排比關連。然而在（1b）裡，杯子是參考基點，桌子是目標，而杯子顯然在認知裡不比桌子突顯；（1b）違犯了知覺裡參考基點和目標之間的排比秩序。是違犯或沒有違犯這樣的知覺排比秩序說明了為什麼我們讀（1a）時會覺得它的語意順暢，而（1b）讀起來卻有語意不恰當的疑慮。這現象顯示語言的系統性其實和我們與環境互動的形態息息相關（cf. Langacker，1991a，pp.167-180）。

面對上述的語言現象，Fodor 大致可以採用下述三個方式來解說。第一，他可以說「under」這個詞其實在（1a）和

（1b）裡有不同的意思。其實在 LOT 裡，它牽涉兩個不同的心理語詞： UNDER1 和 UNDER2 。（這兒我採用 Fodor 的記號方式，大寫英文字母表示該語詞爲心理語詞。）不同的心理語詞說明了「 under 」這日常語詞在（1a）和（1b）裡不同的使用。然而這解說方式並不可行。因爲（1b）在語意上並不恰當，因此，如果沒有特殊理由的話，是不太可能在實際的語言場合裡被使用。我在這裡將（1a）的語詞秩序倒過來而構作出（1b）只是要用它來例示我所要談述的觀點。我們不需要設置一個無須有的心理語詞來合理化一個語意不恰當的語詞使用。

　　Fodor 也許可以採用第二個方式，認定其實就只有一個心理語詞 UNDER ，但將上述分析出的參考基點和偵測目標之間的排比關連當做是該語詞語意的一部分。這第二分析比第一分析好的地方是它保存了我們認爲（1a）語意恰當但（1b）語意不恰當的直覺判斷，而且這樣的分析也可以涵蓋許許多多類似的牽涉到敘述空間的語詞，例如 ABOVE 、 BELOW 、 BEHIND 、 BESIDE 、 IN FRONT OF 等等。在我看來，第二分析也有它難解的問題困境。注意，參考基點和目標的排序不只顯現在敘述空間的語詞裡，它也顯現在其它的語言構作裡。房子整體來講比單單它的屋頂要來得突顯，在這相對關係裡它可以有參考基點的功能。這說明了爲什麼「 the roof of the house 」是恰當的構作，而「 the house of the roof 」是不恰當的。同樣的道理可以用來說明爲什麼「 the girl's neck 」是恰當的、而「 the neck's girl 」是不恰當的詞序等等。當然在有些特殊的情況裡我們會倒反參考基點和目標的排序。例如我們可以用「 the fleas' cat 」來敘述或想像從跳蚤觀點看世界的可能景象，雖然「 the cat's

fleas 」才比較符合參考基點和目標的排序要求（ Langacker ，
1991a ， pp.167-180 ）。注意，這倒反的排序是特定脈絡裡認知
恰當性的要求，而不只是語言上詞序的變化。這些語言現象顯
示了參考基點和目標的排序橫跨殊多的語言構作和使用，並且
也會因認知脈絡的特殊要求而改變。因此這排比秩序不太可能
內存在任何心理語詞的語意內。

　　第三，也許 Fodor 可以這樣論辯。由於那排比秩序橫跨殊多
的語言構作，它應當是適用於殊多心理語詞的組構規則
（ compositional rules ）。然而，如果是這樣， LOT 就不太可能
是具有自主性的、心腦所賴以計算的符號系統。說 LOT 具有自
主性，換個角度講，相當於說它的結構不受我們和環境互動時
所呈現的知覺或動作的訊息形態所影響。但是參考基點和目標
的排序基本上牽連到我們如何和環境互動的形態。因此，如果
LOT 的組構規則涵蓋那排比秩序， LOT 的結構在相當大的程度
上是受到我們如何和環境互動的形態所牽制。

　　最後這一點有再加以說明的必要。語言學者、心理學者最
近十多年來發現我們平常使用的話語的結構形態實質上是立基
在相對來說數目不會太多的、體現在我們和環境互動裡的知覺
和動作的基模（ schema ）及其相關的跨領域的隱喻關連。而上
述的參考基點和目標的排序其實只是最近這發現的一小部分。
舉例來說，請觀察下列空間語意場合（ spatial semantic field ）
和時間語意場合（ temporal semantic field ）平行的語詞結構形
態（ Jackendoff ， 1983 ， p.189 ）：

（2）a.　at 6：00

from Tuseday to Thursday

in 1976

on my birthday

b.　at the corner

from Denver to Indianapolis

in Cincinnati

on the table

　　管控我們對地方、位置、途徑的空間基模（ spatial schema ）也管控我們對時間的經驗秩序，而促成我們表達時間和空間的語詞秩序具有平行的結構形態。這一類的平行結構形態在我們的語言行為裡相當普遍，而且有很多這類的詞序形態已經被高度的建制化；這些已高度建制化的詞序形態不會因脈絡的變化而變化。

　　Pinker （ 1989 ， PP.370-373 ）以這類高度建制化的結構形態為準，推測說 LOT 的組構原則很可能是由這類結構形態演化而來。以空間基模和由它隱喻延伸而來的訊息形態為例，無可置疑的這樣的基模係立基在我們和環境互動裡呈現出來的知覺和動作的技巧或訊息形態上。然而這並不妨礙 LOT 仍是具有自主領域、特定階層的符號表徵系統。如果我們將空間基模視為構成我們心腦原有的系統階層的一部分，在演化的歷程裡，空間基模可以被「拷貝」（或者說是「徵召」）到新的系統階層裡而產生新的特定用途，例如被「拷貝」到 LOT 的系統階層裡

來支持特定的、抽象的認知活動。

Pinker 的推測符合對新能力如何可能在演化的歷程中生成浮現的模型解釋：原有的能力適用到新利基（ niche ），或被改裝成可供用來處理新的、特定的問題場合。沒錯，空間基模原本深深根植在我們和環境互動的知覺和動作的形態裡，而且 LOT 也和這形態息息相關。但是這相關性只是演化程序的相關性；它並不影響 LOT 在這演化成果裡做為一個具有自主領域、特定認知階層的表徵系統。

在我看來， Pinker 的推測有一個相當嚴重的缺失。 Pinker 在他的推測裡所舉的例子都是已經高度建制化的空間基模及其隱喻關連。注意，「高度」表示這建制化有程度之分。上述所舉的反映在語言結構形態的空間基模是相當建制化的。然而還有許多其它的空間基模也對語言使用有系統性的影響，但卻沒有那般建制化的語法後果。以上下高低的空間排序的基模為例。 Lakoff 和 Johnson （ 1980 ）發現以這樣的空間基模為準而有的「多即高，少即低（ MORE IS UP ； LESS IS DOWN ）」的隱喻映射使許多描述高低的語詞產生新語意和新的跨領域的語意系統性關連。請看下述的例子（ Lakoff & Johnson ， 1980 ， pp. 15-16 ）：

The number of books printed each year keeps going *up*. His draft number is *high*. My income *rose* last year. The amount of artistic activity in this state has gone *down* in the past year. The number of errors he made is incredibly *low*. His income *fell* last year. He is *under*age. If you're too hot,turn the heat *down*.

　　上述的例子顯示，這樣的語詞隱喻的使用沒有特定的上限；我們也不是一個一個的記住它們的使用方式。而且我們也可以在新場合說出這類的新的隱喻表述，例如：

The economy was *launched* by the government using *low* interest rates and a *rising* dollar.

　　這現象顯示，除了隱喻的系統性外，語詞的隱喻使用也具有生產性。再則，上面那例子也例示了一個已相當精巧的涵藏在「多即高，少即低」的隱喻的推理形態。我們可以從反面的例子來突顯這隱喻系統性裡的推理融貫性：

The price of computers plummets，so you have to pay much more money to buy one.

　　這例子明顯的違犯了「多即高，少即低」的隱喻裡的推理融貫性。

　　這類在語言使用裡也已經相當建制化的空間基模的隱喻系統性沒有 LOT 所必須有的那類可計算的特性。假如 Pinker 的主張是正確的，他必須提出一套區分那些隱喻系統性被拷貝到 LOT 而那些沒有被拷貝的準據或原則。但從建制化是有程度分別的現象來看，我們不太可能找到這樣的一分為二的準據和原則。而且就算能找到， LOT 假說也無法說明一種相當重要的語

言系統性，即上述所討論的空間基模在語言使用裡的隱喻的系統性。據此，我判定語言的系統性並不支持 LOT 的假說。

　　語言的系統性在相當的程度上是扣連到我們和環境互動裡所浮現出來的知覺和動作訊息的形態和基模。隱喻，從當做使我們有能力系統性的使用一套語言的角度來看，應當也是語言組構原則的一部分（ cf. Lakoff ， 1993 ）。另外值得一提的是早期 Langacker （ 1982 ）曾用「空間文法（ space grammar ）」來稱呼他所發展出來的認知文法學（ cognitive grammar ）。從上述對空間基模對語言構作的討論來看，這名稱其實並不會像當初剛提出時那麼令人覺得怪異。必須注意的是這空間不是抽象的幾何空間，而是我們所活出的、所在的和環境互動下體現出來的空間樣態（ cf. Gibson ， 1966 ， 1970 ， 1979 ， Ch.2 ）。許多這樣的空間基模及其相關的隱喻投射，在我們與環境的互動裡，在相當的程度上影響了我們對語言系統性基本層面上的了解，而且也使我們對特定的語言應當具備怎樣的組構原則有一種質感上的把握（ cf. Lakoff ， 1987 ； Langacker ， 1987 ， 1991a ， 1991b ； Talmy ， 1983 ， among others ）。以我們所能擁有的空間基模來看，我們的確不太可能會有「杯子下面的桌子（ a table under a cup ）」。

鄧育仁　中正大學哲學研究所

E-mail：pyyjt@ccunix.ccu.edu.tw.

參考文獻

Fodor，J.A.（1975）*The language of thought*. Cambridge，MA：Harvard University Press.

Fodor，J.A.（1980）Methodological solipsism considered as a research strategy in cognitive science. *Behavioral and Brain Science 3*，63-109.

Fodor，J.A.（1987）Why there still has to be a language of thought. In *Psychosemantics : The problem of meaning in the philosophy of mind*（pp. 135-154）. Cambridge，MA：MIT Press.

Fodor，J.A.（1994）*The elm and the expert : Mentalese and its semantics*. Cambridge，MA：MIT Press.

Fodor，J.A. & McLaughlin，B.P.（1989）Connectionism and the problem of systematicity：Why Smolensky's solution doesn't work. *Cognition 35*，183-204.

Fodor，J.A. & Pylyshyn，Z.（1988）Connectionism and cognitive architecture：A critical analysis. *Cognition 28*，3-71.

Gibson，J.J.（1966）*The senses considered as perceptual system*. Boston：Houghton Mifflin.

Gibson，J.J.（1970）On theories for visual space perception. *Scandinavian Journal of Psychology 11*，67-74.

Gibson，J.J.（1979）*The ecological approach to visual perception*. Boston：Houghton Mifflin.

Jackendoff，R.（ 1983 ） *Semantics and cognition.* Cambridge，MA：MIT Press.

Jackendoff，R. & Landau，B.（1992）Spatial language and spatial cognition. In R. Jackendoff，*Languages of the mind：Essays on mental representation*（ pp.99-124 ）. Cambridge，MA：MIT Press.

Johnson，M.（1987）*The body in the mind：The bodily basis of meaning，imagination，and reason.* Chicago，IL：University of Chicago Press.

Johnson，M.（1992）Philosophical implications of cognitive semantics. *Cognitive Linguistics 3*，345-366.

Johnson，M.（1993）Why cognitive semantics matters to philosophy. *Cognitive Linguistics 4*，62-74.

Kaye，L.J.（1995）.The language of thought. *Philosophy of Science 62*，92-110.

Lakoff，G.（1987）*Women，fire，and dangerous things：What categories reveal about the mind.* Chicago，IL：University of Chicago Press.

Lakoff，G.（1993）The contemporary theory of metaphor. In A. Ortony（Ed.），*Metaphor and thought*，（2nd ed.，pp.202-251）. New York：Cambridge University Press.

Lakoff，G. & Johnson,M.（1980）*Metaphors we live by.* Chicago，IL：University of Chicago Press.

Langacker，R.W.（1982）Space grammar，analysability，and the English passive. *Language 58*，22-80.

Langacker，R.W.（1987）*Foundations of cognitive grammar：Theoretical prerequisites*（Vol. 1）Stanford：Stanford University Press.

Langacker，R.W.（1991a）*Foundations of cognitive grammar：Descriptive application*（Vol. 2）Stanford：Stanford University Press.

Langacker，R.W.（1991b）*Concept，image，and symbol：The cognitive basis of grammar*. New York： Mouton de Gruyter.

Pinker，S.（1989）*Learnability and cognition：The acquisition of argument structure*. Cambridge，MA：MIT Press.

Talmy，L.（1983）How language structures space. In H. Pick & L. Acredolo（Eds.），*Spatial orientation：Theory，research，and application*（pp. 225-282）. New York：Plenum.

關鍵詞：

系統性　　生產性　　推理的融貫性　　組構性　　隱喻
思想的語言　　基模　　體現

中文摘要：

　　語言的系統性（systematicity）是Fodor思想語言
（language of thought，LOT）的假說的重要根據之一。本篇
論文重新檢討這系統性的要素，並論證說明LOT假說係立基
於一個對語言系統性的不充分、不恰當的解說上。LOT假說
把這系統性設定在特定階層的心腦構造和活動型態裡。然而
這系統性在相當的程度上立基在我們和環境互動的歷程和形
態裡。這樣的互動歷程和形態體現了一組環環相扣的原則，
而這樣的原則不只使我們對語言的系統性有一種基本層面的
瞭解，也使我們對特定的語言應當具備怎樣的基本樣態有一
種質感上的把握。

Keywords ：

systematicity　　productivity　　inferential coherence
compositionality　　language of thought　　metaphor
schema　　embodiment

Abstract ：

Fodor argues that the systematicity of language use provides a solid ground for his language of thought （LOT） hypothesis. This paper re-examines the notion of systematicity and argues that the LOT hypothesis is based on an impoverished version of the systematicity of language use. The systematicity cannot be explained by what is merely in the brain，but is inherently connected to an environment，in the sense that （1） language use depends on the perceptual and motor skills for detecting and confronting certain recurring patterns in an environment；and （2） the compositionality of the language that we use is grounded in our bodily interactions with the environment，which provide a set of highly correlated principles that account for our basic sense of the systematicity and function as a general guideline for what a particular language will look like.

《台灣哲學研究》第 1 期（1997 年 9 月）：63-96

一個投射論者的存在概念[*]

楊金穆

　　在那些引致哲學爭論的日常敘述句中，所謂存在敘述的範疇也許是最神秘而令人困惑的。首先，有些存在的敘述，如

　　（1）佩格塞斯存在[1]，

---

[*] 本文初稿宣讀於國立台灣大學主辦之「指稱、真理與語言」學術研討會，1977 年 4 月 11—12 日。原稿以英文撰寫，承李瑜小姐譯為中文，謹此致謝。本文乃根據其譯稿加以修訂及擴充。特別感謝兩位匿名評審者所提的若干建議。

[1] 「佩格塞斯存在」係英文 "Pegasus exists." 之中譯。Pegasus 原為希臘神話中謬斯（Muse）所騎乘之有翼白馬，一般中文直譯為「飛馬」。在此，筆者依本文一位匿名評審者之建議，將 Pegasus 直接音譯。因為在本文脈絡中，若譯為「飛馬」，容易讓人誤認為係一個一般通名（generl term）；相形之下，譯為「佩格塞斯」，在中文脈絡裡，看起來比較明確地指專名（proper name）。而在存在概念與指謂理論裡，對於專名與通名有不同的處理。對於此位評審的意見，在此謹致謝忱。

其真值的決斷仍似乎是無法證成的。一個肯定的答案似乎是玄秘而且難解。而否定的答案，即斷言

（２）佩格塞斯不存在，

卻可能導致令人困惑的難題。我們同意，假使（２）是真的，那麼「佩格塞斯」應該指涉某一事物；若是不指涉（某物），敘述（２）如何為真？但若吾人同意「佩格塞斯」指涉某一對象，則該對象已然存在。（２）之為真似乎是自我矛盾的。

以歷史的角度觀之，有兩組不同但密切相關的進路環繞存在概念的爭論。第一條進路集中於存有什麼（what there are)的問題。這樣的進路已有悠久的歷史，特別可追溯到共相問題的爭論。當然，如果我們有一個決定性的論證足以顯示「存有什麼」，所有的存在語句能有一個確定的真值。拜 Quine 之賜，因他有名的判準 ontological commitment ——「存在即是一個（拘限）變元的值」——為這個進路帶來新的高峰。第二條處理有關存在爭端的普遍進路，著眼於存在語句的分析，從而希望能澄清「存在」（exists 及其同源字）一字在存在語句中所扮演的角色。自從康德宣稱存在不是一個述詞，這條進路已在哲學研究的舞台上佔得一席之地。近幾十年來，這條途徑上哲學家們所付出的心力已蔚為主流，存在語句的充分分析依賴於─在語言研究之中對名（包括專名和一般通名）的使用作出令人滿意的考慮。然而，這兩條進路，就我所知，似乎都不夠充分地提供一個成功的方法來處理有關存在概念的爭論。這篇論文裡，我試著提供一個觀點，這個觀點能夠解釋存在語句的意義，雖然我們尚不能決定該存在語句

所涉及的對象是否存在。我將呈現的觀點在本質上是投射主義式的。其要旨在於強調一個存在語句（無論是肯定或是否定）並非用來作為對該語句所包含之名所指稱的對象之描述；而係吾人對於某些經驗事實的描述所呈現於概念圖式中的投影之表述。首先，我將先簡略地討論前述的兩個進路，繼而說明存在的投射主義概念是什麼。

一、存有什麼（what there are）的迷思：共相的問題和 Quine 的 ontological commitment 之判準

就存在敘述而言，一種老生常談的說法是，假如對於一個存在敘述所指涉的主體我們能夠釐清它們能否存在，我們就能夠一勞永逸地解決了這個問題。很不幸地，什麼可被視為存在物（existing things)仍未達成一致的共識。我們大部分的人或許可以同意，佔有時空的具體事物確實存在；可爭議的是到底在具體的個別事物之外有無其他存有物？有抽象的實體嗎，像是數字、共相等等？這是傳統上唯實論與唯名論名聞遐邇的爭論之核心。根據唯實論者（更精確地說，柏拉圖式的唯實論者），獨立於我們和我們認知的能力之外存有共相：這個（具體的）世界在本質上只是宇宙的一部份，除了在世的個別事物之外，必定還有某些擁有特別的存有樣式的存有物。相反地唯名論者堅持唯有個別的個體存在；在個別的事物之外並沒有所謂的特性或本質可以從事物本身中抽離出來而獨立存在。因而，沒有共相這類的事物存在。當我們用同一個名詞來指涉事物時（實際上，即一個普遍

的名詞），除了我們給予它們同名（普遍的名詞）這個事實之外，這些事物並沒有相通之處。這個觀點曾經以奧坎的剃刀原則總結：除非必要，實體不用增多。（ entities are not to be multiplied beyond necessity ）── 吾人不應設定比哲學說明所需要還多的實體之存在。除了以上兩條主流，尚有主張概念論的哲學家嘗試以概念來說明存有共相，只不過強調它們是心靈製造的。

這個爭論在本世紀初有些值得注意而且饒富興趣的轉變，Meinong（ 1904)率先更新此一哲學的爭端。 Meinong 以思想三元素的區分做為起點，即（ 1 ）心靈的活動，及（ 2 ）其內容，及（ 3 ）其客體。之後他將客體界定為心靈行動所能夠指向的。因而，凡是作為知識對象的客體皆可以視為存在的實體。作為知識的對象，即使它們「不是存在的，但至少它們是潛存的（ subsistent ）」。在這種意義上，能夠被思考和談論的事物就是存有。（ Meinong [1904]， p107.)循著這一條思路，形上學處理存在與潛存的每一事物。宇宙包含存在事物的整體（即具體的個殊事物，或單純地指物質世界）和知識客體的整體，一般所認為的存在物僅只是宇宙中無限小的部份。無數無盡的非事實，乃至於不可能的客體，像圓的方形，都可被視為潛存的客體。

Meinong 對於客體所作的唯實論考量很快地遭到挑戰，特別是 Russell 以及化約主義的支持者。他們堅持，在某些論題上，為了要使得某些敘述為真所設定的事實或實體，是可有可無的。這個爭論形成了 Quine 提出 ontological commitment 判準之背景:「存在即是（拘限）變元的值」。根據 Quine ，任何被視為存在之物的都不應該超過所使用語言（ language in use ）其 ontological commitment 的範圍。這範圍正是，在既予的詮釋下所有拘限變元

的值之類。根據此一判準，在面對（ 2 ）「佩格塞斯並不存在」
這種存在語句時， Quine 仍主張（ 2 ）應被重述爲「無物佩格塞
斯化」（ nothing pegasizes)，在此「佩格塞斯化」一字是用來標
識「佩格塞斯」之所以有別於他物的屬性。（或者更形式化地，
「 x 佩格塞斯化」是一述句。職是，假如「佩格塞斯」確實存在，
則有單一個別的對象能夠滿足此一述句）。因此，吾人可以斷言
（ 2 ）爲真而毋須援用使用中名所欲指稱的對象之存在。

　　乍看之下，諸事順遂。然而，略加深究則不難發現 Quine 的
處理並未完全成功，首先，利用諸如「佩格塞斯化」這類的述詞
來取代「佩格塞斯」，並沒有真正解決存在的問題。事實上，這
只是把問題推後一步而已。很顯然地，要判定是否有對象滿足「佩
格塞斯化」這個述詞，與判定「佩格塞斯」是否有指涉根本上是
同一件事， Quine 的處理只是換湯不換藥。其次， Quine 所提的
ontological commitment 的判準並沒有解決傳統共相的爭論。事實
上，它只是以更清晰的形式來突顯爭論的核心。現在，這論爭的
焦點已經由實體的範圍之爭轉移到拘限變元所得以指涉的範圍
之爭。而當哲學家們不同意吾人僅有唯一既存語言的 ontological
commitment 時，這個激烈的爭論並沒有消失。以數學爲例，數學
的存有學一向即爭論不休。近幾十年來數學哲學的發展已經告訴
我們：一方面，邏輯主義的支持者（如 Frege 、 Russell ）主張不
加區分地使用拘限變元（ bound variable ）去指涉已知或未知，
可詳述或不可詳述的抽象實體，這是可接受的(至少，是無害的)。
另外一方面，一群形式主義者（例如： Hilbert ）拒絕承認任何的
抽象實體，包括未經證實的數學實體，甚至是嚴格限定意義在心
靈製造的實體，並宣稱數學能夠被視爲無意義的記號法的一場遊

戲（game）。當然，有些直觀主義者（Intuitionist）如 Brouwer 的隨眾認為只有當這些實體能夠事先從區分的組成份子中被個別地建構出來的時候，它們才能被認定係存在著的實體。對於拘限變元得被允許去指涉的實體範圍之爭論，暗示了 Quine 的語言 ontological commitment 之判準並不能充分地解決「存有什麼」的問題。Quine 自己瞭解這點並提出，存有學的爭論牽涉到概念圖式（conceptual schemes）裡基本的不一致（Quine [1951]：16）。但什麼是概念圖式呢？不幸地，至今尚未有明確定義。就我所知，最佳的說明或許是 Davidson 提供的，他說：

> 概念圖式是組織經驗的方法；它們將形式賦予感覺與料的範疇系統；它們是許多觀點，個體、或文化整體，或者某一時期得以藉著這些觀點來關照正在發生／消逝的種種。（見 Davidson，[1984]，p.183.）

不過，就對於存有物的承認這一問題而言，僅只訴諸於概念圖式本身並不起多大的效用。正如 Davidson 指出的，在一個概念圖式系統裡被視為真的不一定在別的系統裡有同樣的待遇（ibid.）。例如，物理論（physicalism）的擁護者堅持真實的世界不過只是物理世界。故此，能夠被真實地說出的每件事物，皆能以物理的語言表述。然而，這仍是有爭議的。物理學家很難明確地界定物理存有學擁有多寬裕的空間。因為物理學並不使用許多用來指涉日常生活對象和事件的語彙。原則上，或者理論上，物理學應該和物理的意識型態保持一致，因而讓日常事物也得以存在。難道物理學家的語言會比日常語言帶來更真實的世界圖像？

　　相反地，現象論（ Phenominalism ）的追隨者（或許， Quine
自己寧願加入這個學派）主張，這世界是由我們（可能的）經驗
建構的。就某種程度而言，這提出來被證實具可能性的世界本身
是吾人對於真實的物質世界之再建構而得的。外在的客體是真
實、可能而有秩序的經驗。但是有關真實存在事物的問題仍然沒
有解決。即使吾人能夠有一個規畫足以將談論物理客體及其位置
的語言轉變爲談論可能的經驗的語言，新語言的 ontological
commitment 應該不同於原來的語言。更值得注意的是，即使某些
人持有完全相同的概念圖式，他們仍可能對那些可被視爲存在物
有不同的觀點。眾所周知，在歐幾里德幾何學裡，經由任何不落
在一直線上的一點，我們可以畫出與該直線永不相交的平行線。
這是所謂的歐幾里得第五設準（或平行公設）。在 Riemann 的非
歐幾何學（即 elliptic geometry ）裡，沒有這樣的一條平行線；而
在 Lobachevsky 的非歐幾何學（即 hyperbolic geometry ）裡，卻
有好幾條這樣的線。稍後，吾人已證明了歐幾里得幾何學和非歐
幾何學有共同一致性（ co-consistency ）：就某種意義上來說，
假使歐幾里得幾何學是一致的，那麼非歐幾何亦然。現在，我們
發現即使在幾何學裡，一個特定的對象可以存在於某個系統但卻
不能存在於另外一個。這應該充分地說，有關存在事物的決定，
僅只訴諸概念圖式並不夠充分。

　　迄今，我們的討論顯示：「存有什麼」的決定性考慮似乎不
能解決存在的問題。亦即，我們無法明確地宣稱究竟那些是存在
的。假如我們將自己限定在真實界（ the actual ），那麼，什麼可
以被視爲存在物的便是經驗的問題。另外一方面，如我們希望超
出真實界，那麼，似乎就沒有證成可言。訴諸 Quine 式對於所使

69

用語言的 ontological commitment 之判準，並且訴諸概念的圖式的進路顯然有待進一步的加強。另一條處理存在問題的進路尚在進展中，以下我們將焦點轉移至此。

二、存在語句的分析：存在作為一個述詞與「存在」一詞的用法

　　當面對這些似乎弔詭的存在語句時，我們都能夠同意，將最壞的差事作最好的努力之一是提供一可理解的方式來談論這些似乎古怪的實體，而不是簡單地說它們不值得追尋。這樣的考慮下，當我們遭遇了像是（１）「佩格塞斯存在」這類存在語句時，我們希望去解釋（１）究竟意指什麼，而不是簡單地宣稱語句（１）是無意義的。無論如何，縱使我們堅決地認為沒有像佩格塞斯這類的事物，我們仍然可以同意（２）「佩格塞斯不存在」，這個語句不僅是富有意義的且是真的。現在設想（２）不僅是有意義的且是真的，那麼看起來有某種方式我們能夠用以解釋為什麼（２）有意義而不必訴之於佩格塞斯的存在。一個明顯而直截了當的方式是分析所涉及的語句。

　　這個進路的歷史根源可追溯至有關上帝存在的存有論證，特別是由笛卡兒所建立的。概略地說，笛卡兒以我們的直觀做為起點，進而假設「上帝存在」是類似幾何學定理的命題。而就像是作為幾何學定律的一些命題都能夠被認識且必然地為真，他斷定，吾人能夠以類似用來証明數學述句為真的方式來證明上帝存在的命題為真。然後他論證說，正如直線三角形的三角和等於兩直角不能和其本質分離，存在不能從上帝的本質分割出來。職是，

一旦我們同意，吾人可以有「絕對完美的存有」這個觀念，此一觀念本身即可視為必然永存的本質。由此一事實，我們可以結論出這個絕對的存有存在著。（Descartes，CSMI：197-200.）

笛卡兒顯然認為上述兩個命題同樣是用來表述某些對象的某些性質，其一是關於「上帝」，另外是關於某個特定數學對象，譬如「三角形」。然而，如 Gassendi 所辯論的，存在是否為上帝或其他任何事物的屬性頗為值得商榷（Descartes，CSMII：180）。稍後，康德也主張「存在」並非實質的述詞。當然，這裡「述詞」用來指在邏輯意義上的述詞，應該和一般文法意義上的述詞區分開來。事實上，當康德宣稱存在不是一個述詞，這只是休謨觀點的回音。休謨認為一個對象存在的觀念和這個對象的觀念是同一件事。相信一個對象的存在，並不是將存在的觀念連結到客體的簡單概念。簡言之，我們沒有存在的抽象觀念。（David Hume，*A Treatise of Human Nature*，Book I，Section 6：66-67；also Appendix，p. 622）

1930 年代，Kneale 與 Moore 翻新了有關存在是否當被視為述詞的爭論。Kneale 重行批判 Descartes 的存有學論證，宣稱它「只是在文法形式上的遊戲」（Kneale [1936]，p.36.）。根據 Kneale，諸如

（3）馴養的老虎存在，

這種類型的存在語句只是用來表達某一普通命題（general proposition）的某一類特稱個例之語句。事實上，（3）是

（4）對於某個 x，x 是馴養的，並且 x 是一隻老虎。

的變體而已。在這種理解之下，「存在」這詞是不必要的—它「並非用來表示某一簡單命題的成分或組成部份的記號」（p.36）。我們可以承認存在既非實體，亦非關係。於是 Kneale 繼續論證：

> 「存在」這個詞只是邏輯輔助的象徵。「馴養的老虎存在」這句話只是表達命題「對於某個 x，x 是馴養的，且 x 是一隻老虎」的一種方式。「馴養的老虎存在」這句話可能誤導哲學家認為「存在」是一個述詞，因為它在文法上跟「馴養的老虎咆哮」和「酋長咆哮」這類語句相似。（Kneale [1936]，p.36.）

無論如何，我們注意到，Kant 和 Kneale 兩者的觀點並不確實又模稜兩可。如果說，存在不是邏輯意義上的述詞，那它究竟意指什麼？大概而言，一個邏輯述詞只是一個記號，而這個記號的意義在於我們所賦予它的詮釋，如我們可將之詮釋為「某一性質」。然而，從 Kant 和 Kneale 的論證，一個人可以結論，動詞「存在」不是一個述詞，因為，首先它對主詞的概念沒有多加些什麼，再者，存在述句並不是關於主詞所指稱的事物之描述。

相對地，Moore（[1936]，p.94.）指出，在某些句子裡至少有一個「存在」的用法，例如「這存在」，在此這句是有意義的。因為說「這存在」和「這是紅的」並不相同。無可置疑地，「這存在」這個述句是具有某些訊息的。可是，Pears（[1963]）卻指出，這個述句在本質上是 referential tautologous，亦即，主詞

（subject）在指稱功能上已暗示了它所指稱的對象存在著。類似地，當一個句子的動詞否認了存在，我們說這個句子是 a referential contradiction（Pears [1963]，p.100.）。Pears 然後提出了一個他稱之為「康德式最低限度的」限定條件，即：

（ i ）動詞「存在」對主詞的概念沒有加上什麼新的；並且

（ ii ）一個存在述句並不意味著它所涉及的主體之存在是被指稱地含蘊著(referentially implied)。

　　儘管如此，前述的區分仍需要更多的限定條件。不幸地是，Pears 也承認，無論加上多少的條件限制，仍會有更多的例外。這個進路給我們一個很清楚的教訓：對於所有種類的存在語句而言，我們並沒有立場去分辨動詞「存在」到底有沒有對主詞加上任何新的東西。

　　值得一提的是，Thomson（[1963]）同時述及，假使「邏輯述詞」係指對於述詞邏輯在某一詮釋下的一個述詞，則「邏輯述詞」並不是特別一類的述詞，也不是某一個特別「邏輯觀點」之下的述詞。事實上，在這種觀點之下的邏輯述詞與一般日常語言（即文法）中的述詞並無二致。只不過用來強調在某一特定語言中的述詞而已。然後當一個邏輯學家說「存在」（ exists 或 existence ）不是一個邏輯述詞，他們所意指的是，它並不被看待為一階述詞邏輯語言的一員（ p.105 ）。當然，假使我們依循 Russell － Quine － Kneale 的進路，我們可以把每一個存在命題用另一個語句重新明確地表示，毋須提到「存在」這個字。然而

無論利用哪一種翻譯方式來改寫一個存在語句,「某個客體存在」的根本思想仍然存留。 Thomson 於是結論,不僅沒有理由否認「存在」是一個述詞,而且尚有更積極的理由來肯定它。

Thomson 的論證可以提醒我們 Russell([1918])存在問題的解決之道。根據 Russell,存在並不是一個語句中的述詞,而係「某一個命題函應(propositional function)的述詞」。因此,把只能應用到命題函應的述詞轉換成應用到用來滿足某一個命題函應的個體上,這顯然是一種嚴重的謬誤。以此觀之,存在可視為一種「性質」(或是一個「述詞」),但它卻是命題函應的述詞而非用來表述某一個體的性質。(Russell [1918], p.233.)。吾人可見 Russell 的處理在本質上是弗列格式的,即把「存在」視為二階的概念。從邏輯的觀點來看,近來,大部分的人都會同意,一階述詞和二階述詞兩者的差別並不明顯。關於存在是否為一述詞的爭論因此轉變為瑣碎的爭執。

一旦我們沒有立場來區別存在是否為一述詞,我們如何來分析存在語句並使其意義能夠被解釋?一條新的方針被提出來,就是訴諸文字使用的觀念:字的意義在於它的使用,這個看法並非全新的;事實上,在當代它至少可追溯到 Wittgenstein 的《邏輯探究》(*Philosophical Investigation*)。毫無疑問地,假如吾人能確實掌握住每一個文字的特定用法,特別是存在語句中的名,那麼吾人能夠擁有某種關於承載者(bearer)存在的訊息。這正是 Dummett([1983], p.288.)所強調的:對於一個名的用法之掌握含蘊著對其承載者之存在的知曉。 Redmon([1975])曾指出,在一個形式語句「 a 存在」或「 a 不存在」中,當 a 是一個專名(proper name)時,被使用的「存在」告訴我們有關「 a 」這個

專名的事情（ p.194 ）。更確切地說，當有人言及一個存在語句時，如，

（ 5 ）蘇格拉底不存在

他只是對在使用中的語言作某些斷言。這是對語言，而非針對語言之外的事態（ extra-linguistic affairs ）作判斷。根據 Redmon 的分析：

（ 6 ）蘇格拉底存在

是關於字的斷言，但是，說（ 5 ）只不過是說「蘇格拉底」在通行的語言裡一點用處也沒有。簡言之，存在的意義是從名的使用中呈現出來。

利用文字之使用的觀念來對存在語句加以分析，在我看來仍不樂觀。首先，一個名在某個脈絡（語言）裡的觀念一點也不清楚。 Redmon 所能夠說的只是訴諸 Wittgenstein 「語言遊戲」的觀念，然而這是 Wittgenstein 自己感覺需要限制的觀念。當 a 是一個專名也出現在「 a 不存在」這一語句中， Redmon 必須結論到「 a 」根本不是我們所使用的語言中的一個記號。這聽起來實在既古怪又笨拙。因為從邏輯的觀點，吾人能夠確定地區分，一個記號或一個表式是否為通行語言的部份。 Redmon 的處理顯然只是把通行語言的語意學和語法學攪淆在一起。

其次，更進一步的探究文字的使用，特別是存在語句的名，需要考慮「指稱」（ reference ）的觀念。正如 Dummett 所指出的，

名本身是無法被理解的，除非它出現在某一特定的使用方式中。但是名的使用可能涉及許多不同的面向，且對於每一個名字使用的個別面向而言，總是需要基礎的（ Dummett [1983]， p.306 ）。吾人同意，文字使用的基礎能夠從這最平常的背景裡得到提供，這背景就是「指稱」的觀念。我們自然可以理所當然地把「指稱」當作一個未分析的觀念。事實上， Pears 已瞭解這種可能性，如他所言，「最低限度的公式化」具有這樣的缺陷，即它依賴於指稱的未分析觀念（ Pears [1963]， p.100. and p.101.）。但是，一旦如此，我們就掉入了循環的陷井。因為一般未經分析的指稱觀念預設著存在這個概念：知道一個名指稱什麼，我們必須預設那兒有什麼是這名意欲去指稱的。但是，當我們意欲繼續給出一個指稱理論，聲名狼藉的無限後退便埋伏途中。我們只是將存在問題轉到指稱理論的探究。故此是否必需這樣迂迴地處理存在的問題是很可疑的。即使這個進路是可行的，這進路本身顯示著：指稱的理論大體而言預設著，在被指定的概念圖式的基礎上，吾人可以有不同的指稱理論。現在，假設存在的問題，能夠在指稱理論的背景裡解決。我們必須記得這個指稱理論預設著某一概念圖式。這意指在不同的個別概念圖式的基礎上，我們可以擁有不同的存在概念。這顯然是難以接受的。

甚者，從邏輯的觀點，我們會有興趣地注意到，文字在語言中的某一種使用，本質上可以視為是對使用中的語言的一個詮釋。假使這是一條可以依循的思路，那麼，意識到名之承載者的存在正是在既定的詮釋之下語意價值的掌握而已。以這種方式來理解的名字的使用與一般對使用中的語言之語意學處理並無二致。當我們沿著這一條進路前行時，不必太過驚訝地發現我們正

回到 Quine 語言的 ontological commitment 的判準上。並且我們會
再度遭遇前一部份裡曾經討論過的困難。

迄今的討論提示我們，嘗試建立一適當的準據來判定何者為
存在物的努力，以及對存在語句的分析，皆不能充分地為存在問
題找到出路。於是需要另覓他途。

三、「存在」：作為投射作用所呈現在概念架式上的表述

為了簡便起見，在此之後的討論，我將限定在其主詞片語所
預設的承載者之存在大有疑問的存在語句。無論如何，我祈望這
個結果將能夠應用到一般性（包括涉及的日常事物）的存在語句
上。

早先我已提到過要建立一個判準來區分存在物與非存在物
是一件不可能的事。因為即使我們證成了這類存在語句的個例之
決定性的答案，例如佩格塞斯的存在，並不能保證所有類型的存
在語句就能夠以這種方式一勞永逸地解決。再者我已然注意到遇
到這類存在語句時，我們必須盡力追根究底而非僅僅宣稱它是無
意義的。換言之，就這類存在語句而言，我們不應該主張當某人
說出這個語句時，他只是毫無意義地談論某些不值一顧、看來奇
怪的實體。相反地，我們倒要盡力提供一個可理解的解釋來說明
為什麼他會說出這類存在語句而暫時不考慮他所可能承諾的事
物之存在與否。

準此，以下將說明存在語句為什麼是有意義的而不用任何相
涉的主詞之承載者存在的假設。

　　或許有人會質疑，如果我們對於所使用的主詞片語所承載之事物的存在毫無概念，我們如何能說這一存在語句是有意義的？例如，如果有人不知道佩格塞斯是否存在，他們如何能說「佩格塞斯不存在」是有意義的？正如我在論文開頭處特別提到，問題的癥結恰好是存在語句問題的根源。不可否認地，這個質問本身已有著預設的立場：相信只有在相關的主詞片語有一個指稱時，語句才有意義。應該注意的是這信念正是我們在談論和思考中可能會犯的錯誤。這個預設的立場顯然係根源於傳統的主／述詞區分。雖然，傳統主述詞區分是否恰當並不是我們目前關注的焦點。然而這個傳統區分有意義的一面應該被指出來，即是應該存有某物以致於既定述詞的敘述能夠起作用；否則沒有敘述是可應用的。

　　事實上，我們有充分的理由相信，儘管現實中沒有我們所談論或思考的對象時，我們的談論或思考仍可以集中在此一主題上，宛似這世界上的確有此一對象，而且包含了各式各樣我們描述它所擁有的特徵。關於這點，當然我必須承認我並沒有意指任何存在語句應該有一個意義。我也不能提出一個判準來釐清有意義的存在語句之分類。談到存在語句的意義，我承認這應該在一個相當模糊的意義上而被理解。我希望這無礙於我們的討論。因為我們通常不至於獨斷地鑄造一個新字，並以之為一個存在語句的主詞片語，然後詢問這個存在語句是否有意義。故吾人可確定，當一個存在語句被論及時，它多少用來意指某些事物。假使這條思路不偏離正題，我們能確定這類存在語句能夠被解釋而無須訴諸於指稱的概念。一切所需的只是說明，什麼是「對某人而言由存在語句所意指的物」（ what it is for someone to mean something by an existence sentence）。這裏的片語「所意指的」應該由反實在論的立場來瞭解，因爲可能沒有這樣的事物存在世界上。

為了避免不必要的混淆，我們可以設定目標以說明對某人而言講出一存在語句是意謂著什麼。現在我們如何能夠解釋一個存在語句而不需訴諸於我們所談事物的存在呢？此刻有一條比較可行的進路來處理這類問題，就是所謂的投射論的進路。這正是我將採取的主要進路。所以讓我們先對這進路作一簡短說明。

一般說來，投射論是一個浮泛的術語。任何把吾人自身視爲只是吾人內在心靈之種種形變（ modifications of our own minds ）在這個世界上的投影而已之觀點皆可稱之爲投射論。這個觀點可以回溯到休謨，他宣稱事件的因果秩序是以一個跟隨著另一個的方式秘密地投射在吾人的心裡。在當代哲學中，這個理念已廣泛地應用到倫理學和美學上。許多人認爲，談論事物的價值只是我們對它所採取的態度之投射。近幾十年來，大批哲學家投入這個觀點的應用，將它推展到不同範疇上。特別是像道德、模態性（ modality ）等等在知識論及存有學上相當可爭論的一般敘述句。其中 Simon Blackburn （[1984]、[1986]）所作的努力特別值得注意。

基本上， Blackburn 的投射論係奠基於反實在論的主流來考察在知識論及存有學上有爭論的語句（稱之爲 A 述句）。因此，Blackburn 主張，確實發生在現實世界中的事實之外，無論在理論上或在實際上， A 述句並無承諾任何存在物可言。事實上，除了原初事實的語句，我們沒有立場去想像或瞭解究竟是那類對象得以使 A 述句成爲真的事實。我們也不能理解我們如何知道它是什麼。無論如何，並沒有所謂的「實在的表層」得以爲 A 述句所刻

畫或 A 述句所允諾的事物得以存在於此一表層中。實在論者顯然錯誤地把 A 述句視爲對於實際存在於世界上的某物之描述。例如，固守於反實在論者的觀點， Blackburn 宣稱沒有所謂的道德事實對應於一個道德述詞，例如：

（7）約翰說謊是不對的，

存有論上，除了既定事實「約翰說謊」之外，（7）並沒有描述任何進一步的事實。

除此之外， Blackburn 也拒絕 Quine 那種過分簡化式的懷疑論。對 Quine 這一類型的懷疑論者而言，這些爭論性的概念之談論是無意義的。因而 A 述句也不具有任何真值可言。直覺地看來，A 述句的一般使用和我們息息相關——— 例如，我們確實作道德判斷。無論如何，義務、必然性、可能性等等所謂的「A 概念」，皆由某些 A 述句來表現著。我們認爲的確有這些義務，或可能性等。因而， A 概念應具有意義的，而且 A 概念的使用是合情合理的。故此 A 概念需要一理論來解釋，在什麼意義上，我們能夠說 A 述句能夠真實地表達某些之所以用它們來表達的東西（ commitment ），諸如義務、必然性和可能性等等，而同時能拒絕實在論者對於 A 對象之存在的宣稱。

介於懷疑論和實在論之間， Blackburn 主張對於這種 A 概念的說明恰是去說明我們陳述 A 述句所想表達的以及爲什麼我們有興趣如此表達。此一哲學探詢本質上包含兩部分：首先，它需要說明對 A 述句所許諾的是什麼，同時卻拒絕實在論的立場；其次，去說明爲什麼以這種方式理解的 A 述句允諾是正確的。

為了實現第一個任務，Blackburn 重行利用了倫理學方面傳統投射主義者理論，並且試圖將之應用到其他種類的 A 述句，例如模態述句（modal statement）。至於第二個工作則是藉由準反實在論（quasi-anti-realism）的進路。

回想反實在論的信念：除了在世的客體之外，A 述句並沒有涉及任何其他實體。假使 A 述句有任何價值可言，其允諾應該不是在世界領域之外的客體。職是之故，假使我們試圖去分析或解釋 A 概念，在我們說明的表達裡，沒有一個應該旨在描述任何不是在世的事實。因此 Blackburn 自然會傾向於預設著 A 述句所涉及的 A 概念總是能夠用某些表式（稱之為「B－描述詞」）來解釋，而這些 B－描述詞是用來描述不具爭議性的事實（例如在世的事實）。他寫著：

> 記住，最具關鍵性的是「說明」的概念。假如我們能夠
> 解釋為什麼我們所擁有的 A 概念在水平層面的連結上能
> 寬鬆地適合於（loosely fitting）一組 B 描述詞，並且在
> 這解釋裡，我們只依賴著我們對可用 B 描述詞來描述的
> 世界之接觸，那麼，至少形上學與知識論的動機將能夠
> 被回答。我們將能夠解釋 A 信念的可靠性而不需要訴諸
> 一個如何使我們能夠知道它們的奇特的機制，這個訴求
> 一直困擾著知識論者。（Blackburn [1984]，p.162）

Blackburn 進一步強調，一旦我們已拒絕了 A 事實是具有客體的，要說明 A 概念最可靠的方式是訴之於我們的心靈狀態。循著這一條思路，Blackburn 認為當吾人斷言某一 A 述句時，我們

只不過是在表達一些關於我們的某一種心靈狀態，例如習慣、傾向或態度。例如，當我們下道德判斷，我們正在表達一個特定的態度，就是，贊成或不贊成。如 Blackburn 的說明：

> 當我們說有這可能性，或有那個必然性等等時，我們只是把我們所意欲表達的習慣、傾向或態度，用一種平常的語氣來表現出來而已。（[1986]，p.122）

故此，基本上我們所需要的是一個理論，這個理論能利用相對應於 A 述句所表達的習慣、傾向性與態度等心靈狀態來表徵 A 述句所承諾的。Blackburn 特別指出，這件表徵 A 述句所承諾的對象可以在應用倫理學方面的投射主義者理論得到相當充分的支持：

> …當我們說話或思考時，我們把某一個態度、習慣或其它非描述性的東西，投射到這個世界上，正宛如有著某些事物的性質，而此一性質正好是我們的言說所意欲描述的，或者說正好是我們的推論，或理解或認為是錯誤的，所涉及的性質。（[1984]，pp.170-1.）

職是，根據投射主義者對 A 概念的考慮，談到一個真的 A 述句將不會引起任何實在論在存有學和知識論所承諾的神秘性。這是因為 A 述句是用來表達我們心靈狀態而不是去描述某種「實在的表層」。下道德判斷時，我們沒有指向任何道德事實；相反地，只是單純利用此一道德述句來表達我們的態度。

　　在說明了當吾人宣稱有「義務」、「可能性」等等時，吾人到底在說什麼之後；Blackburn 的下一個步驟是在命題言說行為之基礎上說明，為什麼它們會變成懷疑、知識、或然性、真理或謬誤等等的對象（[1986]，p.122.）。這是在反實在論對 A 概念的考慮之第二階段，在此 Blackburn 介紹他的準實在論：

> 目標是，把命題當做我們認知生活裡一個必要的建構物
> （ construction ），當我們需要討論、拒絕或改進我們
> 的習慣、傾向或態度時，它們是被討論、拒絕、改進的
> 對象。（[1986]，p.122.）

當然，這條進路基本上是主觀的。如他所述及的：

> 事實上，準實在論者係在體認到吾人的判斷之主觀的根
> 源係內在於吾人的態度、需要、慾望與本性之後，仍試
> 著取得談論倫理真理的發言權，正是這種意義下的主觀
> 性啟動了吾人各式各樣素樸的反應。（[1984]，p.197）

　　然而，Blackburn 堅持嵌在 A 述句的真理不是依恃於心靈的（ mind-dependency ）。因為無論是從任何一種標準來看，A 述句的真理總是能正確地「相應於內心的狀態。」（[1986]，p.122）
　　利用準實在論與投射主義的結合是否能成功地處理一般道德語句或模態語句並非本文的重點[2]。我們感到興趣的是細察在什

---

[2] Bob Hale 在 'The Compleat Projectivist' （ *The Philosophical Quarterly*

麼程度之下，這兩套的機械組合可應用到我們所關心的存在語句上。

　　從存有學的觀點來看，把我們所欲處理的存在語句與道德語句視爲同一類型，似乎是很自然的事。因爲一個道德語句並沒有描述除了既存的態度之外的事實。同樣地，一個存在語句，如果它是真的，除了確實存有什麼之外，並沒有增添任何額外的事實。例如語句（２）「佩格塞斯不存在」對這世界沒有多加什麼[3]。再者，令人驚訝的是，當某人言說存在語句時，他所意欲的是嘗試刻畫一特定的個體或某類的個體。很自然地，任何被使用來刻畫事物的莫過於那些被表現、揭露和顯露在真實世界的。在這種考慮之下，吾人可發現一個被談論的個體之所以能夠被設定（posited）出來的方式恰好與投影被投射出來的方式相同。我們可以將存在語句視爲一種 A 述句並且利用 A 概念來刻畫（characterise）把在斷言一個存在語句時所欲刻畫的個體視爲一個涉及的 A 概念。如此一來，在刻畫這個個體時，我們須要一些用來描述不具爭論性事實的 B －描述詞。我們前面已提到，A 述句所涉及的 A 概念總是能夠以某些 B －描述詞來說明。相類似地，我們能夠用某些事實的描述，即描述不具爭議性的事實之 B

36（1986），pp. 65-84）一文中對於反實在論在倫理述句上的應用有相當深入的討論；而關於模態語句的討論，請參考 C.M. Yang ，*A Natural Modal System* ，D. Phil Thesis, Oxford University ，1993 ，pp. 41-51.

[3] 即使當有人斷言「佩格塞斯存在」，而且即使這是一個真的述句，在存有學上這句話也沒有增加任何事實。

－描述詞來說明我們對某一存在語句所涉及的個體之刻畫。因此，吾人能有意義地講出存在語句。

由此觀之，投射論的進路能夠提供對存在語句的解釋。但是，以下進一步的探究將顯示在存在語句和道德述句之間的差別，而這將妨礙 Blackburn 的投射論應用到存在語句的範疇。其結果，修正是免不了的。首先，就道德述句而言，當 Blackburn 宣稱一個投射論者係藉著個別的心靈狀態來觀看一個道德述句所承載的「義務」（[1986]，p.127.），他可能是對的。因為有關道德述句，我只需要考慮我們對整個語句的態度。我們並沒有區分所涉及的道德內容是否應該歸諸於該述句所欲表達的或是應當歸諸於該述句所涉及的個體之所作所為。當我們講出一個存在語句時，一般而言我們意圖把存在歸於被涉及的特定個體。現在，就投射論的考慮，所謂的「對某一個個體的承諾」（the commitment to a certain individual)應該也被視作不同的心靈狀態。也就是說，言說者意圖對某一事物作的刻畫，只不過是言說者的某一個心靈狀態而已。而此一心靈狀態正好是該語句所表述的。這就好像是說，我們正在說的或正在思考的宛如具有我們的言詞所描述的性質一般。

就道德述句而言，當 Blackburn 堅持投射論將把對義務所承諾的看成是不同的心靈狀態時，他大概是假設了這樣的心靈狀態總是能被某些不具爭議性的 B 描述所描述。我們或許也可以同意他這一點。因為我們指向道德述句（7）的心靈狀態似乎能被一些 B－描述詞所表達，例如「我們贊成…」或「我們不贊成…」；並且這些對我們心靈狀態所需的 B－描述詞大抵是無可爭議的。相形之下，是否每一個作為存在述句的承諾之心靈狀態也都同樣

能被某一無可爭議的 B－描述詞所描述？當然，其中有一些是可以如此處理的，例如，我們或許可以用「有翼的馬」與「白馬」作為 B－描述詞來處理「佩格塞斯」。但這並不適合各種存在敘述，特別是，當我們談及顯然已逾越我們在這真實世界中的經驗之實體時。如此一來，利用 Blackburn 的理論來處理這種存在敘述的說明時，有關具體事物的敘述並不能向我們顯示究竟這些敘述表達著什麼樣的對象。即使把對這類個體的承諾看成個別不同的心靈狀態，我們也很難刻劃它將會是什麼樣的心靈狀態。職是，跟道德述句不同的是，存在敘述所需要的 B－描述詞需要進一步的說明。而且就相關的說明來看，Blackburn 的準反實在論看來並不樂觀。

當然，Blackburn 的支持者或許會論証，除非我們不可能思考到，否則吾人總是能夠經由我們的心靈狀態來刻劃某個體。不過可疑的是，當我們在嘲弄實在論者聲稱我們擁有某種必可偵測之能力—來理解神秘的實體—之際，我們是否能接受訴諸於「除此之外，無能設想」這樣的聲明。我們或許可以接受準反實在論在道德敘述上的應用。因為我們對關於每一道德敘述的心靈狀態大抵上能有一粗略的共識，無需說明為什麼我們贊成或不贊成某個特定的道德。相對地，單單由預設著論証我們不能認知或想像，從而論証這種存在語句是無意義的，恐怕很有問題。因為「無能」（inablity）認知某物本身在此這裏是一個模態概念。直觀地看來，我們無能認知某物不多不少恰意謂著斷定我們不能夠（not able to）去認知，或者更直接地，我們能夠去認知乃是不可能的。吾人可以進一步探詢為什麼我們能認知「蘇格底是一位音樂家」卻不能夠想像「1＋1＝2不成立」。也就是說，當用來表達吾

人心靈狀態的 B －描述詞本質上含有模態概念時，我們有必要對 B 描述做進一步的說明。

　　即使如此，訴諸「所能想像的東西」這個觀念，並不適用於所有的存在述句。眾所周知，我們的想像建基在我們的經驗上。當我們斷定我們不能想像如此如此時，只因為對我們而言如此經驗是不可能的。直觀地看來，我們可以同意我們不能想像如此如此，但我們並不認為如此如此的存在是不可能的。譬如，我自己不存在是可能的，但我不能想像我自己不存在。一個更有趣的例子是可能色彩的存在。期待能有某些新色彩聽起來完全是合理的；我們可能感覺新色彩。必須承認我們不能想像新色彩是什麼。因此從我們不能想像如此如此這個事實看來，我們不能結論如此如此存在是不可能的。

　　值得一提的是， Blackburn 的準反實在論兼投射論基本上是一個說明性的理論。其要旨在說明為什麼使用一個特殊的表達範疇是有意義的以及為什麼我們有興趣於做這樣的事。然而，即使他的投射論是成功的，他並未提供有關我們心靈狀態的 B －描述詞—— 它朝向想像之下的特殊表達範疇—— 所需要的說明。而且，我們上文的討論也已經指出訴諸於心靈狀態可能阻礙這個投射論進路應用到存在語句的可行性。準此，我們需要某些精煉，而且這正是我將填滿它的鴻溝。

　　很明顯地， Blackburn 的投射論不可應用到存在語句的範疇主要是因為他訴諸於心靈狀態。當然，可能有更好的方式來處理他的說明所引起的困難。譬如，某些人可能建議我們可以訴諸於可能世界中個體的觀念。如此，我們可以把包含在存在語句內的個體看待為存在於某一可能世界中之個體。可是，在這種情況下，

我們需要一個更有涵攝力的說明：可能世界是什麼？以及，存在於可能世界中的個體是什麼？如此我們不得不後退。尤有甚者，從理論的層面看來，可能世界中的個體概念已然預設著存在的概念。由此可見，訴諸於「可能個體」的概念並不能解決我們所關注的問題。

事實上，有更便捷的方式來處理這個困難。我們已注意到當某人斷言一存在語句時，該語句之所以有起碼的意義乃在於言說者意欲刻劃某個個體或者某類個體。而一旦我們已拒絕承認 A 事實具有任何客體性之後，這樣的個體刻劃能利用 B －描述詞來說明。當然，任何能被用來刻劃某物的（特徵）只不過是那能在實際的世界中被展示（ shown ）、被揭露（ revealed ）或顯現（ manifest ）的（特徵）。簡言之， B －描述詞通常是經驗的。因此，我們現在所需要的只是給 B －描述詞提供一個投射論者式的說明。但是，跟 Blackburn 的主張大異其趣的是：我們投射的概念並不訴諸於個人的心靈狀態。相對地，我們直接採取一個概念圖式來做為實現此一投射的基礎。換句話說，正是概念圖式的架構使得吾人得以藉由 B －描述詞來從事個體的刻劃，從而得以斷言一個存在語句。

前述投射論者的存在概念顯然過於簡略，以下我將稍加申論。到目前為止，我們所預設的是，一個存在語句，無論是肯定或是否定，並非用來「描述」該語句所包含的名所指稱的對象。我們已強調，整個進路的重點在於「說明」一個存在語句究竟意欲表述什麼。因而，我們可預設著有一組的 B －描述詞，這些描述詞基本上是能具現（ exemplified ）於實際世界中從而可以用語言表述的（ representable ）。例如，當有人宣稱：

（8） Architeuthis dux I existed.

時，他所談的是，包括下列的描述：

（B1）它是一隻 Architeuthis dux。

（B2）它的殘骸在紐西蘭海域被發現。

（B3）漁類專家認爲它是人類第一次發現到
　　　　Architeuthis dux 的殘骸。

而有關 Architeuthis dux 的描述包括：

（B1-1）世界上最大的無脊椎動物。

（B1-2）身長將近 60 英呎。

（B1-3）體重將近一噸。

（B1-4）一種巨無霸形的魷魚。

等等。魚類專家相信這種魚存在，但尚未經證實，因而在談論時，他們預設著上列的種種 B－描述詞。當有人看到或聽到（8）此一存在語句時，他需利用上列的描述。由於經驗事實本身缺乏足夠的證據來判定（8）是否爲真。無論說話者或聽話者只能就其個人對這組 B－描述詞的理解，並將其置於其個人之信念的整體上來看待（8）這個語句。從這個角度看來，所謂的 Conceptual Scheme 只不過是在我們所已具有的信念整體之下，對於我們所使

用的語言之一種詮釋而已。當一個聽者把上列的描述詞賦予適當的詮釋之後,通過這些詮釋他可以刻畫出說話者在斷言(7)時,究竟意指何種事物。正是在這種意義下,我們可以說聽者係把 B－描述詞之理解投射到其所建構之概念圖式中而形成一個有關某一事物的「存在概念」。這裡的「某一事物」事實上只是 B－描述詞在其個人之概念圖式中的投影而已。在這裡,我們需要一個更詳盡的「指稱理論」說明如何由 B－描述詞投射到概念圖式中,而且這個指稱理論能兼顧到「空名」(Empty names)的問題。不過,這進一步的討論有待另文處理。

有些人可能會質疑:利用投射論來闡述存在概念跟傳統指稱理論中名之描述詞理論並無二致。這種質疑並非無的放矢。眾所皆知,根據羅素等所主張的名之描述詞理論,名只是一組描述詞的縮寫而已。如此一來,當有人宣稱「 a 存在」,(a 係一名稱)時,他所斷言的只不過是說「有滿足這一組描述詞的東西」。而乍看之下,此一斷言似乎跟我們在此嘗試利用一組 B－描述詞來刻畫某一個體是同一步調。然而,值得注意的是,從語意學的角度來看,名的描述詞理論進一步肯定著兩者之間的等同關係或至少是涵蘊關係(e.g. Fa|= ∃x (x = a ∧ Fx))。由於預設著這個關係,使得名之描述詞理論在面對所謂的「空名」(empty name)時,顯得捉襟見肘。這正是為何 Quine 一直強調,名是可以刪除的。相形之下,投射論者不需確認此種關係的存在,尤有甚者,投射論甚至於允許吾人由同一組 B 描述中刻畫出不同的個體來[4]。從形上學的角度來看,或許我們可以說名之描述詞理論係建立

---

[4] 這一點有待於一個更周全的指稱理論來處理。

在實在論的立場，而投射論者毋寧較傾向於建構論
（ constructivism ）。

　　有些人可能仍會懷疑：訴諸於概念圖式的看法似乎建議我們
追隨現象論者的腳步。但是，如果對傳統的現象論（如 Mill ，
Russell所主張的)作進一步的探討，就會發現這個懷疑是多餘的。
眾所皆知，現象論者強調知覺的運作—— 以 Mill 的話來說，對
象可以理解爲感官知覺之永存的可能性（ Matter, than, may be
defined, a permanent possibility of sensation ）。如此，寓居（ to
inhabit ）在一個獨立、外在客體的世界只不過是一個擁有實際且
可能的有序經驗之主體而已。簡言之，世界之所以如此是從我們
的（可能）經驗中建構出來的。比較地看來，我們所抱持的投射
論的觀點，並不純然依恃感官經驗。相對地，我們強調語言的功
能。畢竟，當一個人講出一存在語句時，他也打算對這語句有解
釋。而且由於有這種具有某種含意的解釋之可能性，吾人可以宣
稱這個類型的存在語句是有意義的。訴諸於概念圖式將保証當我
們投射某一個體的刻劃時，我們可以建構一個已知語句的解釋。
而這將賦予該存在語句某一意義。投射論者的存在概念，在某種
程度上，可以視爲是一個把有關物理現象和它們的定位之談論投
射到有關個體之刻劃的談論上的 programe。而這正是爲什麼我們
可以把「存在」這個概念理解爲世界之某一實際的投射方式。如
此我們能有意義地講出這種語句而無需訴諸於所使用的名所指
稱的事物存在與否。更甚，由於我們所強調的概念圖式，本質上
乃是奠基於對於所使用的語言之詮釋，所謂的投射作用顯然受制
於語言的決定，而非吾人之心靈。正是在這種語言的詮釋上，我
們可以思考或斷言「新的顏色」。

楊金穆　台灣大學哲學系

E-mail ： cmyang@cc.ntu.edu.tw.

參考書目

Blackburn , S. （ 1984 ）, *Spreading the Word* , Oxford ： Clarendon Press , 1984.

Blackburn , S. （ 1986 ） , 'Moral and Modals' , in *Fact,Science,and Morality-Essays* on A.J. Ayer's *Language,Truth and Logic* , G. MacDonal and C. Wright （ eds.） , Oxford ： Basil Blackwell , 1986 , pp. 119-41.

Davidson , D. （ 1974 ） , 'On the Very Idea of a Very Idea of a Conceptual Scheme' , the Proceedings and Addresses of the American Philosophical Association , 47 （ 1974 ）; reprinted in D. Davidson , *Inquiries into Truth and Interpretation* , Oxford ： Clarendon Press , 1984 , pp. 183-98.

Descartes , René. *The Philosophical writings of Descartes* , vol.1. and vol.2. English translation by J. Cottingham , R. Stoothoff and D. Murdoch , Cambridge ： Cambridge University Press , 1985 and 1984 , abbreviated as "CSMI" and "CSMII" repectively.

Dummett , M. （ 1983 ） , 'Existence' , *Humans,Meanings and Existences* , D.P. Chattopadhyaya （ ed.） , *Jadavpur Studies in*

Philosophy, V （ Delhi , 1983 ） ； reprinted in M. Dummett , *The Seas of Language* , Oxford ： Clarendon Press , 1993 , pp. 275-307.

Grayling , A. C. （ 1990 ） , *An Introduction to Philosophical Logic* , 2nd ed. , London ： Duckworth , 1990.

Grossmann , R. （ 1992 ） , *The Existence of the World* , London ： Routledge , 1992.

Hale , B. （ 1986 ） , 'The Compleat Projectivist' , *The Philosophical Quarterly* , *36* （ 1986 ） , pp.65-84.

Hume , D. *A Treatise of Human Nature* , rev. by P. H. Nidditch , 2nd ed. , Oxford ： Clarendon Press , 1978.

Kneale , W. （ 1936 ） , 'Is Existence a Predicate?' , *the Proceedings of Aristotelian Society* , Supplementary Volume 15 , 1936 ； reprinted in Feigl and Sellars （ eds. ） , *Readings In Philosophical Analysis* , New York , 1949 , pp.29-43.

Meinong , A. （ 1904 ） , 'The Theory of Objects' , originally entitled " Uber Gegenstandtheorie " in *Untersuchungen zur Gengenstandstheorie und Psychologie* （ Leipzig , 1904 ） ； English translation by Isaac Levi , D. B. Terrell , and Roderick M. Chisholm in *Realism and the Background of Phenomenology* , R. M. Chisholm （ ed. ） , Illinois ： The Free Press of Glencoe , 1960 , pp. 76-117.

Moore , G. E. （ 1936 ） , ' Is Existence a Predicate ? ' , *the Proceedings of Aristotelian Society* , Supplementary Volume 15 , 1936 ； reprinted in A. Flew （ ed. ） , *Logic and Language* , second series , Oxford ： Basil Blackwell , 1979 , pp. 82-94.

Pears , D. F. （ 1936 ） , 'Is Existence a Predicate ？' , reprinted in *Philosophical Logic* , P. F. Straswon , （ ed. ） Oxford ： Oxford University Press , 1967 , pp.97-102.

Quine , W. V. （ 1951 ） , 'On What There is' , reprinted in *From a Logic Point of View* , Cambridge , Mass. ： Harvard University Press , revised second edition , 1980.

Redmon , R. B. （ 1973 ） , 'Is Existence a Predicate ？' , originally entitled "Exists" in *Mind* , （ 1973 ） , pp. 56-72; reprinted under the new title in *Contemporary Philosophical Logic* , I. M. Copi and J. A. Gould （ eds. ） , New York ： Martin's Press , 1978 , pp. 191-202.

Russell , B. （ 1918 ） , 'The Philosophy of Logical Atomism' , *The Monist* , April , 1919 ； reprinted in *Logic and Knowledge* , R. C. Marsh （ ed. ） , London ： George Allen & Unwin , 1956 , pp. 175-281.

Thomson , J. （ 1963 ） , 'Is Existence a Predicate ？' , reprinted in *Philosophical Logic* , P. F.Straswon （ ed. ） , Oxford ： Oxford University Press , 1967 , pp. 103-6.

關鍵詞：

存在（ existence ）　　投射論（ projectivism ）　　名（ name ）

存有承諾（ ontological commitment ）　　專名（ proper name ）

概念圖式（ conceptual scheme ）　　指稱（ reference ）

準反實在論（ quasi-anti-realism ）　　語言（ language ）

中文摘要：

存在概念可以說是形上學中饒富弔詭與爭論的課題之一。本文首先批評當代流行的兩個進路：其一乃沿襲傳統的共相問題之爭，著重於爭辯「存有什麼」，而歸結於 Quine 的 ontological commitment；其二乃承續笛卡兒—康德關於「存在」是否爲述詞的爭論，而歸結於對「存在」一詞於語句中所扮演的角色之語言分析。本文將指出此兩進路皆無法充分說明何以當一存在語句所涉及之對象不存在時，該語句仍可以有意義，且更可以爲真。並進而提出：從投射論的立場，吾人可以有意義地談論存在語句而不需預設所談論之對象的存在。對於投射論的基本旨趣將有簡略的說明。

《台灣哲學研究》第 1 期（1997 年 9 月）：97-108

牛頓-史密斯論科學理性

林正弘

　　牛頓-史密斯（W. H. Newton-Smith）在其《科學理性》[1]一書中對科學理性提出了一些獨特的看法，並對相關的問題及學說做了深入的分析與詳細的討論。本文只針對其中一個重要論點提出筆者的看法。

　　我們所要討論的主要論點是牛頓-史密斯對科學理性的闡釋。一般討論科學理性的論著大多著眼於科學方法。所謂「科學合於理性」乃是指科學家的科學活動大體遵循某些科學方法規則，因而科學史的發展大致符合方法學規則[2]。這種看法我們稱爲

---

[1] William H. Newton-Smith，*The Rationality of Science*，（London：Rauteledge & Kegan Paul，1981）。

[2] 有關科學理性與科學方法之間的關係，請參閱下列論著：

　　（ i ）Roger Trigg，*Rationality and Science；Can Science Explain Everything*？（Oxford：Blackwell，1993），Chapter 3，" The End of Reason "，pp. 58-79。

　　（ ii ）Lars Bergström，" Some Remarks Concerning Rationality in Science "，in Risto Hilpinen（ed.），*Rationality in Science*（Dordrecht：D. Reidel，1980），pp. 1-11。

「科學理性的方法學觀點」（ methodological point of view of scientific rationality ）。牛頓-史密斯基本上接受此種觀點，並加以補強。以下將略述方法學觀點之要旨，說明牛頓-史密斯的補強部分，並加以批評。

一 科學理性的方法學觀點

在討論科學理性的論著中，大都以邏輯實証論（ logical positivism ）、波柏（ Karl Popper ）及拉卡圖斯（ Imre Lakatos ）

（ iii ）Mihailo Narkovic ，" Scientific and Ethical Rationality "， in Hilpinen （ ed. ）， *Rationality in Science* ， pp. 79-90 。

（ iv ）Knut Erik Tranφy " Norms of Inguiry：Rationality，Consistency Requirements and Normative Conflict "， in Hilpinen （ ed. ）， *Rationality in Science* ， pp. 191-202 。

（ v ） Hans Albert ，" Transcendental Realism and Rational Heuristics：Critical Rationalism and the Problem of Method "， in Gunnar Andersson （ ed. ）， *Rationality in Science and Politics* （ Dordrecht ： D. Reidel ， 1984 ）， pp.29-46 。

（ vi ） Harold I. Brown ， *Rationality* （ London ： Routledge ， 1988 ）， pp.79-80，96，104； Brown 對方法學規則的批評，見 pp.80-90 ， 185-186 。

（ vii ）Philip Kitcher ， *The Advancement of Science* （ Oxford ： Oxford University Press ， 1993 ）， Chapter 6 ， pp. 178-218 。

為主張科學理性的代表，而以孔恩（ Thomas S. Kuhn ）和費雅耶班（ Paul K. Feyerabend ）為反對陣營的代表。從這些正反兩面的主張，可以看出一般所謂「科學理性」的內涵。

邏輯實証論主張抽象的科學理論或概念與具體的理論之間必須具有邏輯關連。具體的理論可用觀察及實驗的方法加以驗証（ comfirm ）或反証（ discomfirm ）；而抽象的理論則可依據邏輯關連，透過具體理論來加以驗証或否証。換言之，因有這種邏輯關連，任何具體或抽象的科學理論均可用觀察及實驗的方法，直接或間接加以驗証。

邏輯實証論的另一項重要主張是：假設與証據之間有客觀的判準可用來評詁証據對假設的支持程度（ degree of support ），他們稱之為「驗証程度」（ degree of confirmation ）。他們企圖借用機率理論的模式來建立驗証理論（ comfirmation theory ），希望証據對假設的支持力或驗証程度，能像機率一樣，透過計算方法，用數值表達出來。如果這樣的驗証理論能夠建立，則科學家就會有比較客觀的方法學規則，用來判定一個科學理論是否已得到足夠的証據支持，因而可加以接受；也可用來比較兩個互相對立的科學理論之優劣，因而加以取捨。通常科學哲學家之所以把邏輯實証論納入「科學理性論」（ scientific rationalism ）的陣營，乃是因為邏輯實証論者主張有合理的方法學規則可做為科學活動指引。值得一提的是：邏輯實証論者只致力於尋求合理的方法學規則；他們沒有清楚的指明這些規則到底是他們建議科學家應該遵循的規則，還是科學家實際上所遵循的規則；他們也未討論科學史的發展是否合乎他們所認為合理的方法學規則。

波柏的否証論（ falsificationism ）主張：

　　（ⅰ）科學理論無法加以驗証，而只能加以否証；

　　（ⅱ）科學理論必須有遭遇否証的可能；

　　（ⅲ）科學理論的否証程度越高越好[3]。

因此他規勸科學家要接受反例對科學理論的反駁，而不要採取各種途徑來幫助科學理論抗拒或逃避被否証的命運；換言之，不要以降低可否証程度爲代價，來挽救科學理論[4]。波柏本人曾強調否証論中所蘊含的理性主要表現於批判態度（ critical attitude ）。任何理論或主張都應以批判的態度加以檢討，這種批判的態度是理性的主要特徵。否証論只是批判態度在科學上的應用而已[5]。然而科學哲學家在評論波柏的否証論時，大多著眼於否証論中的方法學規則，並據此探討波柏的科學理性論。波柏的否証論確實含有一些重要的方法學規則，例如：比較可否証程度高低的規則、避免特置假設（ ad hoc hypotheses ）的規則、評估認可程度

---

[3] 這三項主張的簡略說明，請看拙文〈卡爾‧波柏否証論之困境〉，收入《第四屆美國文學與思想研討會論文選集：哲學篇》，何志清、洪裕宏主編，中央研究院歐美研究所， 1995 年出版， pp.80-86 。

[4] 對此一規勸的簡述及批評，請看前引拙文 pp. 86-93 。

[5] Karl R. Popper ， *Unended Quest ： An Intellectual Autobiography* （ La Salle ： Open Court ， 1982 ）， pp. 115-116 ； Karl R. Popper ， *Open Society and Its Enemies* （ London ： Rauteledge & Kegan Paul ， 1962 ）， vol. 2. Ch.24 。

（ degree of corroboration ）的規則、…。波柏很清楚的指明這些規則是對科學家的規勸或建議，而不是對科學活動實況的描述。

拉卡圖斯的方法學否証論（ methodological falsificationism ）雖然是修改波柏的否証論而發展出來的，但是他以長程理性（ long term rationality ）取代了波柏的瞬間理性（ instant rationality ），以致大幅降低了指引的功能，而只能用來評詁長程的發展。根據拉卡圖斯的說法，在理想情況下，一個科學研究綱領（ scientific research programme ）的發展理應內容越來越豐富，亦即可否証的程度越來越高。詳言之，一個科學理論 T_n 修改成為 T_{n+1} 或被 T_{n+1} 取代，必須滿足三個條件：

（ i ） T_{n+1} 的內容超出 T_n 的內容，亦即 T_{n+1} 能預測 T_n 所無法預測的新事實；

（ ii ） T_{n+1} 能說明 T_n 成功的部分，亦即 T_n 的內容未被否証的部分必須全部被包含在 T_{n+1} 的內容之中；

（ iii ） T_{n+1} 比 T_n 多出的內容，至少必須有一部分得到認可（ corroborated ）[6]。

然而，拉卡圖斯並不要求科學研究綱領的每一發展步驟都符合上述的理想狀況。科學家為了保護研究綱領的硬核（ hard-core ）不受侵犯，有時不得不暫時降低理論的內容；換言之，有

---

[6] Imre Lakatos，*The Methodology of Scientific Research Programmes*（ Cambridge ： Cambridge University Press， 1978 ）， p. 32 。

時會把內容較豐富的 T_i 改成內容較貧乏的 T_{i+1}。在 T_1，T_2，T_3，……，T_i，T_{i+1}，……系列發展過程中，研究綱領的內容不一定一路上揚，有時可以容忍短期的下滑。按照拉卡圖斯的看法，只要研究綱領的長期發展是朝內容豐富的方向進行，就是進步的（ progressive ）綱領；反之，即爲衰退（ degenerating ）綱領。科學理性只要求科學研究綱領必須長期看來是進步的[7]。這樣的要求無法用來幫助科學家決定下一步驟的理論取捨，而只能用來評估已往的發展是否合乎理性。但無論如何，他所強調的科學理性仍然著眼於某些方法學規則；雖然這些規則只能適用於事後評估，而不能做爲指引的規則。

孔恩對科學的一些論點往往被認爲具有反理性的（ irrational ）色彩。現在只略述其中三點：

（ i ）孔恩在敘述常態科學的工作時，特別強調典範對異例（ anomalies ）的容忍，典範中的基本定律通常不會輕易遭受駁斥。這種情況不符合一般反証（ disconfirmation ）的原則[8]。

（ ii ）在新舊典範交替的科學革命時期，各理論之間的競爭，並不是依賴方法學的規則來決定勝負；科學以外的

---

[7] 前引書，pp. 32-34。

[8] Thomas S. Kuhn，*The Structure of Scientific Revolutions*（ Chicago ： University of Chicago Press，2nd ed.，1970 ），pp. 77-82

其他因素往往扮演重要的角色[9]。

（iii）不同的典範之間不可共量（ incommensurable ），沒有獨立於各典範之外的標準，足以用來評估典範的優劣[10]。

從這三點看來，孔恩不認為有方法學的規則可供科學家做為決定或評估的依據，而一般責難孔恩「反理性」的論據也是針對其否定方法學規則的立場。

當代科學家明目張膽的反對科學理性者當以費耶雅班為代表。他最暢銷的代表著作即以「反方法」（ against methord ）為標題。而書中內容就是主張科學家不必遵守任何方法學規則[11]。

二 牛頓-史密斯對方法學觀點的補強

牛頓-史密斯對科學理性的闡釋基本上採取上述方法學的觀點，但對某些細節做了比較詳細的論述，提出比較嚴苛的條件。現略述如下：

---

[9] Kuhn 前引書， pp. 92-94 。

[10] Kuhn 前引書， pp. 162-164 。

[11] Paul K. Feyerabend ， *Against Method* （ London ： New Left Books ， 1st ed. ， 1975 ； revised ed. ， 1988 ）。

（i）牛頓-史密斯把科學理性的討論限定在科學變遷
（scientific change）的說明（explanation）之上。
所謂「科學變遷」是指科學家放棄原已接受的科學理
論、修改舊的科學理論、或接受新的科學理論。這些
變遷必有原因，而指出促成變遷的原因即是對科學變
遷所做的說明。這些原因有合於理性者，有不合於理
性者。使用合於理性的原因所作的說明即為理性的說
明模式（rational model of explanation）；反之，即
為非理性的模式。科學理性即針對科學變遷的說明模
式而言[12]。

（ii）牛頓-史密斯強調理性的說明模式必須涉及目標
（goal）與方法（method）兩項要素。一般所謂「理性
的行為」（rational action）是指為了達成某一目標而
採取行為者認為有助於達成目標的行為。在科學活動
的場合，科學家必須有明確的目標（例如：追求真理、
逼近真理、或可靠的預測），相信某種方法有助於達
成目標，並遵照該方法從事科學活動，才能算是符合
科學理性[13]。至於科學家所設立的目標是否合理、他
們所相信的方法是否真有助於達成目標，則牛頓-史
密斯並未堅持。他雖然極力主張科學的目標是要追求

---

[12] Newton-Smith 前引書，p. 3 。

[13] Newton-Smith 前引書，p. 4 。

逼近真理的理論,但他並不要求科學理性一定要認同此一目標。他所要求的只是該目標必須是科學的目標,而不是科學以外的目標[14]。

(iii) 科學家所相信的方法雖不必真有助於達成其所欲達成的目標,但他必須有充足的理由相信該方法有助於該目標之達成。換言之,科學家對方法的信念雖不必正確,但必須合理;否則遵循該方法所產生的科學變遷就不算合乎科學理性[15]。

(iv) 科學家若捨棄某一理論 T_1,而以新理論 T_2 來取代,則根據當時所掌握的証據,按照他們合理相信的方法學規則來加以比較, T_2 必須優於 T_1,否則以 T_2 取代 T_1 的變遷就不算合於科學理性。因此,我們若要判斷科學史上某一科學變遷是否合於科學理性,我們應按照當時的科學家認為合理的方法學規則來判斷,而不應以我們現在認為合理的方法學規則做為判斷的依據[16]。

(v) 科學家必須認知新理論 T_2 優於被取代的理論 T_1;否

---

[14] 牛頓-史密斯在此並未解釋何謂「科學的目標」,也未提示如何區分科學的目標與非科學的目標。他所舉的非科學的目標的例子是:討好梵第岡教庭。若為達此目標而採取某一科學理論,即不符合科學理性。見 Newton-Smith 前引書, pp.270-271。

[15] Newton-Smith 前引書, p.271。

[16] Newton-Smith 前引書, pp.4, 271-273。

則此一取代即不合於科學理性[17]。假定有一個或一群科學家共同接受一些在當時看來頗爲合理的方法學規則。再假定按照這些規則來做比較，T_2 優於 T_1；然而科學家並未注意到這些規則可用來比較 T_1 和 T_2 的優劣，因而也未認知 T_2 優於 T_1，他們之所以取 T_2 捨 T_1 完全是漫不經心的隨意選擇。在此情況下，科學變遷顯然不合理性。牛頓-史密斯要求科學家必須認知 T_2 優於 T_1，正是要補救此一缺陷。

（vi）科學家以新理論 T_2 取代舊理論時，不但必須認知 T_2 優於 T_1，而且此一取代必須是由該認知所促成的[18]。假定科學家確實認知 T_2 優於 T_1，也確實以 T_2 取代 T_1；然而他根本不在乎理論的優劣，促使他以 T_2 取代 T_1 的原因或動機乃是要取悅委託研究的公司，而不是爲了選擇較好的理論。在此情況下，科學變遷顯然不合科學理性。

三 牛頓-史密斯方法學觀點的困境

從上面的敘述，我們很清楚的看出牛頓-史密斯觀點的重要特色在於強調科學家的動機與其活動之間的因果關係。一般方法學

---

[17] Newton-Smith 前引書， p.4 。

[18] Newton-Smith 前引書， pp.4-6 。

觀點的科學理性只要求科學家的活動（或科學變遷）符合方法學規則，牛頓-史密斯的觀點則進一步追問科學家的目標、方法的合理性、科學家的認知、動機、及其與活動之間的因果關連。在一般探討個人的理性行動（rational action）時，上述要求似無不妥；但在討論歷史發展（包括科學史）的理性時，牛頓-史密斯所要追究的問題，恐怕難有答案。假定我們要判斷哥白尼天文學取代脫拉密天文學是否合於科學理性，我們所能做的只是檢驗當時已有的証據，依據當時大家認為合理的方法學，來比較兩者的優劣。至於科學的目標，伽利略主張實在論（realism），認為天文學的目的在於描述天體運行的實況；而他的好友貝拉明（Robert Bellarmine）主教主張工具論，認為天文學只是為了方便計算所設計出來的假想，並非實況的描述。貝拉明誤認為哥白尼是工具論者，後來科學史家發現這是錯誤的認定[19]。當時眾多科學家所設定的科學目標更無從查考。牛頓-史密斯所列的其他項目，例如科學家的認知、動機、及其與科學變遷之間的因果關係，更難以查考。

林正弘　　國立台灣大學哲學系
FAX：(02)3636269

---

[19] 有關伽利略與貝拉明之間的爭論，以及對哥白尼的誤解，請看拙文〈伽利略為什麼不接受貝拉明的建議？〉，收入《伽利略‧波柏‧科學說明》（台北：東大圖書公司，民國77年）, pp.1-38。

《台灣哲學研究》第 1 期（1997 年 9 月）：109-146

海德格對科學最終基礎
之探究

汪文聖

一、作爲一科學哲學之海德格哲學

　　「可能性」爲邏輯裡屬於「模態」（ Modality ）的概念，它是在命題中表示非現實而或然之意義的「形式字」[1]。但在「超驗」（ transcendental ）哲學中，往往以「先天可能性的條件」（ Bedingung der Moeglichkeit apriori ）在主體，來表示爲一般與必然性知識之基礎的「超驗主體」[2]。這時，「可能性」的概念

---

[1] 參閱牟宗三，《理則學》（台北，正中書局，民國 60 年），頁 17。

[2] I.Kant ， Kritik der reinen Vernunft ， Hamburg ， Mainer Verlag ， 1976 ， B132 中曾以「先天知識之可能性」（ Moeglichkeit der Erkenntnis a priori ）出於超驗主體；A111 處特別標明：「可能經驗一般之先天條件同時爲經驗對象之可能條件。」（ Die Bedingungen a priori einer moeglichen Erfahrung ueberhaupt sind zugleich Bedingungen der Moeglichkeit der Gegenstaende der Erfahrung ‧）

不再具有或然性，卻具有「本質性」之意義，因超驗主體不只是現實中偶然經驗到之對象的條件，而是統括一切現實，且超越經驗之外的「對象可能性」或「對象本質」的條件，如此超驗主體才能成爲知識客觀有效性的基礎。故相對於傳統形式邏輯之範疇，康德（I. Kant）超驗邏輯所討論的範疇，在超驗主體之作用之下，就也成爲對象可能性的條件。「範疇」乃運用到對象本質的領域，我們藉之有能力對超越現實，且統括一切現實的經驗對象去認知。

海德格（M. Heidegger）在其「基礎存有學」（Fundamental ontologie）中曾提出和「範疇」相對立之「存在性徵」（Existenzialien）[3]，在分析「此有」（Dasein）時又常提及「可能性」之概念，究竟這個「可能性」是何意義呢？它是一種「存在之可能性」（eksistential possibility）[4]。這種可能性既非具或然的，也非具本質的，卻具著現實的意義。因爲人唯是現實地存在，他才具一些可能性。海德格強調「此有」面對死亡下「決心」（Entschlossenheit），則涉及可向一定之現實可能性籌劃的「最屬自己的存有可能」（eigenstes Seinkoennen）[5]。一種不離現實

---

[3] M. Heidegger, Sein und Zeit （= SZ）, Tuebingen, 1979, P. 44.

[4] J. J. Kockelmans, Ideas for a Hermeneutic Phenomenology of the Natural Science, Dordrecht, Kluwer Academic Publishers, 1993, P.100.

[5] M. Heidegger, SZ, P.277, 299.

性的可能性，才是存在可能之性質。而人唯有放棄其他如「邏輯可能性」(logical possibility)，才可具有「存在可能性」[6]。故海德格以從世俗之「此有」要返回原本之「此有」，即在前者所謂「常人」(das Man)[7]的存在只具邏輯的，而非存在的可能性。

相應於這可作認知條件之「範疇」與存在條件之「存在性徵」，海德格即指出除了「科學之邏輯概念」(logischer Begriff der Wissenschaft)之外，還有「科學之存在概念」(existenzialer Begriff der Wissenschaft)，而後者是存在或在世存有的一種方式，它發掘了「存有物」(Seiendes)或「存有」(Sein)[8]。而且若任何

---

[6] J. J. Kockelmans，P.100-101.

[7] M.Heidegger，SZ，P.175.

[8] 同上，P.357，海德格在此指出「科學之存在概念」一辭，這是為探討「理論態度的存有學發生」(ontologische Genesis der theoretischen Verhaltung)問題，即是為探討「何者為對於『此有』可在科學探究的方式中存在之可能性的存在與必然條件」所致力的科學型態，而此條件是「基於對『此有』做『存有處理』(Seinsverfassung)」可得出來的。「科學之存在概念」別於作為其結果的「科學之邏輯概念」，這種科學由「真實，即有效的命題之奠基關聯」(Begruendungszusammenhang wahrer，das ist gueltiger Saetze)所決定。故「科學之存在概念」理解科學為「存在的方式」(Weise der Existenz)與「在世存有的模式」，它「發現或開啟了存有物或存有」。由此可見，「科學之存在概念」在將「科學之邏輯概念」之「存有意義」揭發出來，而這個是由「此有」對於「及手之物」(Zuhandenes)，

科學型態皆涉及時間與空間的話，那麼海德格正也分析了「此有」之時間與空間性質[9]。如果康德由探討時空之「超驗感性論」（ transzendentale Aesthetik ），進展到探討「悟性概念」或「範

對「周遭世界」（ Umwelt ）（ SZ ， P.66-76 ），乃至對整個世界之「關切結構」（ Sorgestruktur ）所展現。在此也可回答一位匿名審查者之意見，他以爲「海德格本人從未將 Dasein （…）將在 Umwelt 之使用器物的在世存有方式稱爲『科學活動』」，若依上面的說明，這個「科學活動」正是「理論科學之存有學發生」部份，而爲科學存在概念所探討者。又因這種一般性的「此有」在世存有結構最後歸於「此有」的時間性（ SZ ， P.323-333 ），故海德格言：「唯存有意義及存有與真理間的關聯從存在的時間性中得到說明，對科學做的完全充分之存在的解釋才能貫徹」（ SZ ， P.357 ）。既然從時間性取得科學之存在概念意義，故基於「此有」面對死亡而下「決心」所形成的「原本時間性」（ SZ ， P.325-331 ），與由此而產生的「最屬自己之存有可能」，以及由此而開啓的「存有」，就成爲「科學之存在概念」最根本的可能性條件了。在下文將要討論的是，針對此有對及手之物或世界之「關切結構」，作者將「科學之存在概念」歸於「原科學」之範疇；另外針對此二型態科學之根本的可能性條件，作者將之歸於和胡塞爾之嚴格科學立場相對的神秘思想，這個在中國譬如表現於陰陽五行學說裡，在海德格表現於早期由此有之上達存有，或晚期之直接對存有的處理中。

[9] 同上， P.102 ， 301 以後。

疇」等之超驗邏輯,以對傳統之近代自然科學立法;而胡塞爾(E. Husserl)將「感覺質料場域」(hyletisches Feld)之被動綜合活動,即由「內在時間意識」(inneres Zeitbewusstsein)與「動感意識」(kinaesthetisches Bewusstsein)更根本地建構時空之活動也歸屬於「超驗感性」[10],從而「超驗邏輯」可由深入的發生學領域討論起[11],以重拾回被近代自然科學家遺忘的「意義基礎」(Sinnesfundament)[12]的話,那麼海德格徹底地將近代科學所隸屬的「科學之邏輯概念」向「科學之存在概念」回溯,時空題目也在非傳統的觀點下處理,這種「存在感性論」(existenziale Aesthetik)實與「存在性徵」共同構成屬於存在概念科學之條件。

又若相對康德與胡塞爾仍不否定傳統之邏輯,而他們只不過在超驗邏輯裡為傳統邏輯尋求建立之基礎,由闡釋範疇的形成開

---

[10] E.Husserl , Analysen zur passinen Synthesis (=APS). Aus Vorlesungens- und Forschungsmanuskripten 1918-1926 , Hua Bd.XI , Den Haag , 1966 , P.XV-XVI,其中編者 M.Fleischer 之引言部分。

[11] 參閱汪文聖,<胡塞爾之「邏輯發生學」>,政大哲學學報第三期(1996 年 12 月),頁 69-83,其中就胡塞爾在《形式與超驗邏輯》(Transzendentale und formale Logik)、《被動綜合之解析》(APS)與《經驗與判斷》(Erfahrung und Urteil)著作來討論。

[12] E.Husserl , Die Krisis der europaeischen Wissenschaften und die transzendentale Phaenomenologie. Eine Einleitung in die phaenomenologische Philosophie (= Krisis), Hua Bd. VI , Den Haag , 1954 , P.48.

始，繼而有效開展屬於邏輯概念之科學語句命題，那麼海德格由對「存在性徵」之分析開始，經屬於存在性徵之「處身性」（Befindlichkeit）、「瞭解」（Verstehen）與「言說」（Rede）諸題目，去開展屬於存在概念之科學語言[13]。

故依建立存在概念科學的觀點，整部《存有與時間》（Sein und Zeit）正顯示出相對於「超驗感性」之「存在感性」，與相對於「超驗邏輯」之「範疇」的「存在性徵」題目之結構，在其中海德格也分析了由「存在概念之科學」如何過渡到「邏輯概念之科學」[14]。存在概念之科學既處理科學之存在的可能性條件，故就此可能性的條件而言，這種型態的科學或有其建立的「基礎」（Grund）。問題是，海德格是否在當時確實以一基礎建立了他的科學理念呢？一些學者業已指出，不論在《現象學基本問題》（Grundprobleme der Phaenomenologie）與《康德與形上學問題》

---

[13] M.Heidegger，SZ，P.134 以後；進一步針對海德格對科學言說之態度問題可參閱 Th.M.Seebohm，Wissenschaftsbegruendung und Letztbegruendung im Denkweg Martin Heideggers，in：Zur Selbstbegruendung der Philosophie seit Kant，Hrsg.：W. Marx，Frankfurt a. M.，1987，P.157-177，其中 P.167-170；在此並感謝此篇文章所給予作者之繼續對《基礎命題》探究之動機。

[14] M. Heidegger，SZ，P.370-385；M. Heidegger，Prolegomena zur Geschichte des Zeitbegriffs（=PGZ），Gesamtausgabe Bd. 20，Frankfurt a. M.，1988，P. 219- 221.

（Kant und das Problem der Metaphysik），海德格在做康德超驗哲學之變形，將其超驗邏輯建立在「超驗存有學」（transcendental ontology）之上，只是嚴格來說，這最後的基礎並未能在經驗中尋及，如此實違反了現象學以經驗明顯性爲出發點之原則[15]。但是，我們不妨視海德格之現象學理念最終建立在以「啓示」（Offenbarung；Openness）爲明顯性依據之基礎上，這在他早期的著作中多處可見[16]。即使在《時間概念歷史序論》（Prolegomena zur Geschichte des Zeitbegriffs）中，海德格順著胡塞爾的「範疇直觀」（kategoriale Anschauung）概念發揮其義[17]，但已顯示海德格將範疇建立在「超主體先給予之啓示領域」

---

[15] Th. M. Seebohm， Consider on 'Der Satz vom Grund'， in：The Question of Hermeneutic， edited by T. J. Stapleton， Dordrecht／Boston／London， Kluwer Academic Publishers， 1994， P.237-253，其中 P.246-247。

[16] 譬如 M. Heidegger， SZ， P.28-29 中對「現象」（Phaenomen）之解釋以「啓示」、「光」（Licht）或具備「光照」、「表象」與「假象」三重意義之 Schein 字來表示（參閱 K.-H. Volkmann-Schluck， Die Philosophie der Vorsokratiker， Wuerzburg， Koenigshausen & Neumann， 1992， P. 68-70）；另外 R. Sokolowski， Husserlian Meditations， Evanston， Northwestern University Press， 1974， P. 167-168 中特別以「光照」（shining）來解釋海德格之時間概念。

[17] M. Heidegger， PGZ， P. 63-99.

（trans-subjective， pre-given dimension of openness）中，而這種傾向使「範疇直觀」在海德格哲學中頗有「柏拉圖式之理型直觀」（Platonic intuition of ideas）的意義[18]。

因而，即使海德格之「轉向」（Kehre）期前後行文表達之風格不一，對科學建立之理念實有一貫性。不同的是對「基礎」本身的的表達方式：若早期已主張主體不為「最終奠基（Letztbegruendung）所本，而又指出由「存有」之啟示可指引此方向，則晚期正嘗試對啟示本身作描述。除了前面之提要說明外，本文不準備對《存有與時間》之「超驗存有學」作進一步解析，以說明它實可視為闡釋存在概念科學可能性條件的一本書。今主要將參照源於海德格晚期（1955/56）之《基礎命題》（Der Satz vom Grund）一本書，看他在其中如何先對邏輯概念科學之建立方式作批判，再提出真正的「基礎」意義。我們將會發現，

---

[18] K. Held， Heidegger and the Principle of Phenomenology， in： Martin Heidegger - Critical Assessments， edited by Chr. Macann， Volume II： History of Philosophy， P. 303-325（transl. by Chr. Macann），其中 P.305-306。另外可再說明的是，對胡塞爾言，「範疇直觀」從覺知經驗出發，以獲取一具先天性的範疇（詳見拙文＜「範疇直觀」在胡塞爾現象學中之意義＞，《鵝湖學誌》15 期，1995 年 12 月，頁 1-22）。與之對照，範疇在海德格哲學較重存有學立場下之對主體的先給予性，對之的「直觀」則是一種柏拉圖式的，即範疇宛如「理型」之以一種光照的方式啟示於主體。

這個最終基礎實具有一「神秘」性質。

但這種針對存在概念科學的「最終基礎」是否只與針對邏輯概念科學的最終基礎相對立呢？海德格哲學強烈地展現這對立性，但若我們就胡塞爾的哲學來看，這個對立性就可呈現一些鬆弛，對立的兩方更顯示有相輔相成的可能性。對此討論時，除了將藉助胡塞爾的嚴格科學態度來省察外，我們將以中國之科學文明為例，以見歷史上這曾發展出的科學型態同樣是基於神秘之思想而來的，而它在歷史上呈現之優弊，以及受西方近代科學所影響處，可以反映海德格之存在性與邏輯性科學間應該有的關係。這裡將要參照李約瑟（J. Needham）對我們科技文明研究之成果來討論。

但在下面進入海德格之《基礎命題》一書之前，我們先來探討一下「神秘」或「神話」概念在科學建立中之地位與意義。

二、神秘或神話

胡塞爾在《歐洲科學危機與超驗現象學》(Die Krisis der europaeischen Wissenschaften und die transzendentale Phaenomenologie)一書中曾以康德忽略「生活世界」（Lebenswelt）之探討，以康德對這前於科學經驗之生活世界經驗有如只作了「神話式之組構」（mythische Konstruktionen）[19]。胡塞爾批評之根

---

[19] E. Husserl，Krisis，P.116-118.

本原因在於：康德哲學以牛頓（ I. Newton ）以降之自然科學為理所當然的有效，這個見解又以自然理所當然由數學結構所形成為前提，故超驗感性與超驗邏輯直接被處理為這種自然與自然科學有效性的條件，它們遂未能涉及數學結構無法涵蓋之自然部分的有效性，這即是生活世界的部分。又因康德面對的經驗世界為數理所構成，致使作為根本之科學先天可能性條件的「超驗統覺」（ transzendentale Apperzeption ）就不能如現象學所要求的一樣，即它不只是經由一「超驗論證」（ transcendental Argument ）來求得，而更要經由「超驗經驗」（ transzendentale Erfahrung ）來體驗[20]。雖然胡塞爾在探討時發現一絕對的經驗實不易完全求得，這即是說，神話之組構頗難避免；然而，若如胡塞爾只注重將一旦有的神話組構消解在超驗經驗裡的過程，而不計較最終的結果，以充分表現其在主體上建立最終基礎的「自我負責」精神，則我們可視一種絕對經驗的獲得是在無限遠處，是一立於「邊緣界限」之理念；同時若以相對之觀點來看，我們始終處於由非經驗之理念回歸於經驗的過程中，而這種由理回歸事，以重建「即事窮理」之精神，或更屬人生之珍貴價值所在。

除了胡塞爾看出康德哲學中的神話成分，並有如上述處理之道外。過去費希特（ G. J. Fichte ）業已提出，我們所要找的不只

---

[20] Th. M. Seebohm， Transcendental Phenomenology， in： Husserl's Phenomenology： A Textbook， edited by J. N. Mohanty and W. R. Mckenna， Washington D. C.， 1989， P. 345-389，其中 P. 348-349。

是經驗可能性的「條件」（ Bedingung ），而更是其「決定」
（ Bestimmung ）[21]。套用胡塞爾的術語，這是說我們要找的不
僅是不「混亂」（ verworren ），即不違反「矛盾律」之可被思及
的「超驗統覺」，而此時它只是一具「清晰性」（ Deutlichkeit ）
的概念而已；我們更要求超驗統覺被完全認知而合乎「明白性」
（ Klarheit ）[22]。胡塞爾所涉及之生活世界經驗，以及在超驗觀
點下之「超驗經驗」，正如同費希特所處理之對超驗統覺作進一
步的「決定」，或即進一步對超驗統覺作「推論」（ Deduktion ）
之工作。

　　而自費希特以降之德國觀念論，已將「概念」（ Begriff ）超
越了康德局限於對現象界認知之悟性概念，脫離了知識論超驗邏
輯而進入存有論之辯證邏輯，將原先在康德對人類屬神秘（神話）
之「智的直覺」（ intellektuelle Anschauung ）納入了構成「概念」
的條件，因而保證概念化解一切存有之「條件」也可進一步被「決
定」了[23]。

　　這即是說，原本視為和神話相對之「理性」（ Vernunft ）並

---

[21] J. G. Fichte， Zweite Einleitung in die Wissenschaftslehre （ 1797 ），
in： Fichtes Werke Bd. I， Hrsg.： I. H. Fichte， Berlin， Walter de
Gruyter & Co.， 1971， P. 451-518，其中 P. 475-478。

[22] E. Husserl， Formale und transzendentale Logik. Versuch einer kritik
der Logik， Hua Bd. XVII， Den Haag， 1974， P. 64-69.

[23] J. J. Kockelmans， P. 155-157；另外參閱 Th. M. Seebohm， 1994，
P. 249 指出謝林較黑格爾對海德格更有親稔性。

不能被還原到康德之純粹理論理性或悟性上去，它尚需被一些其他因素所決定。對康德言，當然可說理論理性或悟性本身爲認知之條件，其本身爲無條件的，而它仍可再被實踐理性所決定。而對德國觀念論言，自始概念即扮演結合理論與實踐理性之角色，因而對他們來說，神話原則上均可化解到理性之內；或換句話說，神話化解在建立此理性之智的直覺中。但當胡塞爾進一步「推論」康德之超驗統覺時，因他不以「智的直覺」爲條件，便產生上述求取絕對經驗之困難。其實在胡塞爾逐步回歸這絕對經驗的途中，也出現了「發生現象學」(genetische Phaenomenologie) 的題目，它以「解釋」(Erklaerung) 代替以從經驗產生「自我給予」(Selbstgegebenheit) 爲據的「描述」方法[24]，而產生了有所謂「超驗詮釋學」(transcendental hermeneutics) 的傾向[25]。此與日後海德格之所謂「存有學之詮釋學」(ontological hermeneutics)[26]實有會通之處，而這種詮釋學即以存在概念科學之探討爲一旨向。如果胡塞爾以「即事窮理」之精神對神話結構避而不見，那麼海德格實就正視它的地位，它固然表現在對存在概念科學的建

---

[24] E. Husserl ， APS ， P.340.

[25] Th. I. Kisiel，Husserl on the History of Science，in： J. J. Kockelmans and Th. I. Kisiel ， Phenomenology and the Natural Science ， Evanston ， Northwestern University Press ， 1970 ， P.68-90，其中 P. 83-84 。

[26] 同上， P. 84.

立基礎中，而也隱涵在傳統上對邏輯概念科學之建立裡，這即為下面海德格《基礎命題》一書所討論之義旨。

三、海德格在《基礎命題》中之論述

海德格在前後十三次的講課中，先提出「基礎命題」（ Satz vom Grund ）自哲學思想萌芽以降，有漫長之潛伏期（ Incubationszeit ），直至萊布尼茲（ G. W. Leibniz ）才在 17 世紀以拉丁文：Nihil est sine ratione ，或德文：Nichts ist ohne Grund （中文：無物是無基礎的）來表達其對這命題體認之意義[27]。若從正面之「每物有一基礎」來看，海德格以為人不能對之做實然的最終證明[28]，而需以「每物必須有一基礎」之表示看其必然性之證明，但這必然性如何來呢？或「基礎命題」本身的基礎何在？這是無法證明的，故基礎命題本身為一「基本原理」（ Grundsatz ），且為「最高的」（ oberst ），但這始終是個不明朗的問題[29]。

針對這不明朗性海德格提出解決之道，或者「基礎命題」本身不必被此命題所涉及，故它本身不必有基礎；或者它有其基礎，

---

[27] M. Heidegger ， Der Satz vom Grund （＝SG ）， Tuebingen ， Neske ， 1992 ， P. 13-15.

[28] 同上， P. 17.

[29] 同上， P. 18-24.

我們也設法去找它，但勢必要繼續找基礎的基礎的基礎，如此反陷入「無底」（ grundlos ）之深淵[30]。如果就原先萊布尼茲使用之「基礎命題」拉丁文： principium rationis 來看，它也涵著後者「基礎的基礎」（ ratio rationis ）之意義[31]，但仍導至無底之結果，故海德格這裡已提示唯有透過以後要提到的古希臘字源，才可顯示「基礎命題」之另一種意義。據此，前者——「無物無基礎」之本身無基礎——雖是一矛盾的命題[32]，但它正是海德格所要展現的解決方向。

故海德格舉出黑格爾（ G. W. F. Hegel ）所指爲例：矛盾並不造成反對某物爲實在之理由[33]。海德格進而表明一個「不能表象的」（ unvorstellbar ）矛盾命題，並不表示其是「不能被思維的」（ undenkbar ）[34]。他認爲現代科學以矛盾律爲基礎，且爲「表象」（ Vorstellen ）之風格所決定[35]。若借用前面所指出的胡塞爾之「明顯性」（ Evidence ）意義來看，海德格之「基礎命題本身無基礎」的命題既未達到完全被經驗認知之「明白性」層次，也未及於不違反矛盾律之「清晰性」層次，它卻隸屬於「混亂的」

---

[30] 同上，P. 27-28.

[31] 同上，P. 31.

[32] 同上，P. 37.

[33] 同上，P. 38.

[34] 同上，P. 39.

[35] 同上，P. 37.

層次,這正反映了本於胡塞爾的與本於神秘性之明顯性不同所在。事實上,當胡塞爾以「嚴格科學」(strenge Wissenschaft)為其哲學理念,而指出所根據之明顯性概念時,正與具神秘性之「啓示」(Offenbarung)[36],及其所表現出之「深思」(Tiefsinn)[37]做了區別。

在進一步探討海德格所立之「矛盾的」,但「可思的」「基礎命題」以前,我們要指出:他在書中不時強調「基礎命題」在現代科學之要求下所造成的「強權原理」(grossmaechtiges Prinzip)[38]結果。此在於「回溯基礎原理」(principium reddendae rationis)[39]既然是探究為什麼的現代科學之建立所依據,但這個原理又不祇影響到產生現代科學之對存有物的認知態度上,更影響到在任何態度下所面對的存有物。換言之,回溯基礎原理」所顯示的是對基礎的回溯,這個基礎不一定要由存有物來表現,今在「強權原理」之影響下,「物」成為「基礎」的代替品,「物」宰制了一切。因為認知為一種表象方式,其中某物「立於前」(kommt zum Stand),形成了「對象」(Gegenstand);近代

---

[36] E. Husserl , Erste Philosophie (1923/24). Zweiter Teil: Theorie der phaenomenologischen Reduktion, Hua Bd. VIII,Den Haag , 1959,P.182.

[37] E. Husserl , Philosophie als strenge Wissenschaft (= SW), Frankfurt a. M., 1965 , P. 69.

[38] M. Heidegger , SG , P. 46.

[39] 同上。

思想將存有物存有之方式建立在對象之「對象性」（Gegenstaendigkeit）上，而對象之「被表象性」（Vorgestelltheit）即屬於這個表象對象之「對象性」；對象之對立造成對象之存有，故原本是認知的基礎回溯，成為對象存有之基礎回溯；只要某物在一命題裡被述及，而命題滿足基礎原則，則該物即可被證明為存有的，這即是基礎命題之強權擴及於一切存有物的表現[40]。在一切存有物上設立基礎的要求蔓延整個近代乃至現今，造成科學之建立，以及大學成立的原本動機，但任憑我們如何致力於科學，卻絲毫未觸及基礎命題之本義[41]。

這裡實類似《何謂形上學？》（ Was ist Metaphysik ？）（1929）中海德格以形上學根本問題是：「為什麼就是個有（存有物）而不正是個無呢？」（ Warum ist ueberhaupt Seiendes und nicht vielmehr Nichts ？），萊布尼茲曾直接以屬「有；存有物」的第一因為題目，而海德格從「無」（ Nichts ）來達「存有」，然後再回到「有」[42]。同樣在《基礎命題》中，海德格提及萊布

---

[40] 同上，P. 46-47.

[41] 同上，p. 47-48.

[42] M. Heidegger， Was ist Metaphysik ？（ = WM ）， Frankfurt a.M.，1986， P.22.這裡附帶說明， Seiendes 之所以在此譯為「有」，而不堅持譯為「存有物」，係在與 Nichts 之譯為「無」做個對照。同樣的， Sein 亦有「存有」與「是」的雙關意義。此時之「有」不祇與「是」皆具一種文法上來看之助動詞的性質，更具一種所擁有之物

尼茲曾說：「在自然中之基礎是，爲何有某某而非無之存在。」
（ Ratio est in Natura ， cur aliquid potius existat quam- nihil ；
Grund ist in der Natur ， warum etwas vielmehr existiert als nichts ）
[43]。《何謂形上學？》也已批評了支離破碎之科學，指出在它的
決定下，我們面對的只是「有」的領域，在其中沒有居於優位之
領域，從而我們面對世界的關係亦受「有」來支配，所有一切都
圍繞著「有(存有物)本身—— 否則就沒有了」(das Seiende selbst
- und sonst nichts)[44]；又在這裡海德格已指出「計算」(Rechnen)
戕害了真正的思維[45]。《基礎命題》更以拉丁文 ratio 衍生了「計
算」之義，指出從萊布尼茲以降，對基礎命題的要求成爲對一切
存有物去計算以得合法性的要求[46]，這是現代科學對基礎命題之
真正依賴所在，同時也是使我們陷入無底深淵的原因[47]。因而，
基礎反而連根被拔去，它危害著人類的「歸宿」(Heimisches)，
剝奪了人類安身立命的基石，形成我們這個原子時代真正「無歸
宿之可怖」(unheimlich) 現象[48]。

　　若現代科學以一切對象性之「有」爲前提，並在「有」裡直

的意義。下面在譯 Seiendes 爲「有」時亦然。

[43] M. Heidegger ， SG ， P. 52.

[44] M. Heidegger ， WM ， 24-26.

[45] 同上， P. 48.

[46] M. Heidegger ， SG ， P.167-170.

[47] 同上， P.30.

[48] 同上， P.60.

接尋找基礎，以致陷入無底的深淵，那麼海德格反以「非對象的」（gegenstandlos）具有另一種「安立性」（Staendigkeit）[49]。他將「無物是無基礎」轉為另一種表達方式：「無物是無為什麼」（Nichts ist ohne Warum）[50]，接著以斯列修思（Agelus Silesius）之詩說明基礎命題可從原有「基礎回溯」的「調性」（Tonart）跳為另一種「調性」[51]：

> 玫瑰沒有為什麼；它開花，因為它開花，
> 它不注意自己，不去問，是否人看著它。
> *Die Ros ist ohn warum ; sie bluehet , weil sie bluehet,*
> *Sie acht nicht ihrer selbst , fragt nicht , ob man sie siehet.*[52]

在第一行裡，沒有「為什麼」並非沒有「因為」，「為什麼」問及基礎，「因為」則包含著解答；又在「為什麼」中有「尋找」（Suchen）對基礎的關係，而在「因為」裡有「造化」（Beibringen）對基礎的關係[53]。在第二行裡，開花發生在玫瑰上，玫瑰不注意何者為原因以造成開花，人則注意世上的原因，注意世界對我們

---

[49] 同上，P.65-66.

[50] 同上，P.67.

[51] 同上，P.71 ，75.

[52] 同上，P. 68.

[53] 同上，P. 70.

的影響，更注意著自己[54]。但沒有「為什麼」不即是沒有基礎，對基礎的回溯是將玫瑰作為我們表象之對象的結果，這可說是附屬於玫瑰的事（ von der Rose ），但不是玫瑰簡單在那兒之事（ fuer die Rose ）[55]。換句話說：基礎命題的第一種調性雖說著基礎，但實未說出基礎的本質，而僅說著「有」[56]；反之在第二種調性來看，人類「跟著基礎而活」（ lebt nach den Gruenden ），玫瑰則「經由基礎而活」（ lebt durch Gruende ）[57]。

　　海德格以斯列修思的詩充滿著神秘性，但思想之尖銳與深沉卻屬於真正與偉大的神秘主義[58]。它揭露了基礎命題新的調性為「對存有的命題」（ Satz vom Sein ），基礎遂成為存有本質的事，以致「基礎與存有是同樣的」（ Grund und Sein sind das Selbe ）。但二者又不為一，存有不能再有建立它的基礎，基礎似離存有而去，存有遂是這「離底」（ Ab-Grund ）。如果對某某說：「它是」（ Es ist ）與「它是這與這」（ Es ist das und das ），則它被視為一「有」而被表象著；但只有「有」為「是」，反之「是」本身，或「存有」本身則「不是」（ ist nicht ）。牆是在我後面，它直接顯示為「某某在的」（ etwas Anwesendes ），但它的「是」本身在那裡？牆的「在」（ das Anwesen ）本身要在那裡尋找呢？「牆

---

[54] 同上，P. 72.

[55] 同上，P. 72-73.

[56] 同上，P. 75， 82.

[57] 同上，P. 79.

[58] 同上，P. 70-71.

同時『是在』(那兒)」(Gleichwohl "ist" die Wand)。[59]同樣的，玫瑰開花的存有本身不再有「爲什麼」，它是「離底」。故在新的調性下呈現二義：「存有與基礎：同樣的」，「存有：離底」。[60]

從基礎命題的潛伏期，經萊布尼茲視爲最高原理，與造成宰制世界之強權原理，及視基礎爲「爲什麼」與「因爲」，在這歷史上四樁「主要事件」(Hauptsachen) 之後，海德格以爲前四事件爲至第五事件的「起跳領域」(Absprungbereich)，它使基礎命題之第一種調性跳爲第二種調性，而命題不但成爲存有命題，更從原先屬文法與邏輯之意義轉換爲另一種意義的命題，或毋寧說：基礎命題成爲「在存有內之設置」(Satz in das Sein)[61]，使過去對「有」的基本原理「跳爲對存有之言說」(Sprung in ein Sagen ， das vom Sein als solchem sagt)[62]。

屬「起跳領域」的前四事件有些共同性，它呈現了存有的「運命」(Geschick)，即存有在「離開」(sich entzieht) 我們當中來「接近」我們 (sich zuschickt)，雖然在四個階段中這些方式有所不同[63]。今它們跳至第五事件，而第五事件是對基礎命題以

---

[59] 同上，P. 93.

[60] 同上。

[61] 同上，P. 96.

[62] 同上，P. 107.

[63] 同上，P. 108-110.

另一種調性來說，即對存有來說的[64]。就此來看，原義為命題的
Satz（sentence）今有「述說」，有「跳躍」之意味。但海德格
強調 Satz 有音樂方面之「樂章」意義，而「樂章」不是一般所謂
為樂器所伴所演奏而已，它更「成立、展開、集結著，直至精神
已完全安適於它」（[…] sich […] aufstellt, sich entwickelt,
sich konzentriert, bis der Geist sich ganz in ihn gefuegt hat.）[65]，
這是海德格引阿爾寧（Bettina v. Arnim）之句子。在此我們可知，
為何海德格以「調性」之術語來表達基礎命題之前後不同意義。
在這種新的調性下，「無物是無基礎」之基礎命題成了「無物『是』
無『基礎』」，「是」與「基礎」的強調表示「存有」與「基礎」
之「共鳴」（Einklang）[66]。共鳴唯二者既「相併」
（Zusammenhalten）而又「相離」（Auseinanderhalten）[67]，這
即是前說「存有與基礎：同樣的，存有：離底」之兩義。但在前
四事件中二者太過於相離，故對其相併之探討就成了決定性之主
題[68]。

　海德格以「基礎」之拉丁文 ratio 更由希臘文 logos 而來，它
本義為將某某推向另個某某；它雖亦可有計算之義，但本質之意
義並不如此；它又指為言說，而言說是將某某呈現出來，將某某

---

[64] 同上，P. 102-103.

[65] 同上，P. 151.

[66] 同上。

[67] 同上，P. 152.

[68] 同上。

「置於前」（Vorliegenlassen），將「在的以其在」（das Anwesende in seinem Anwesen）置於前；此即「有；存有物」在「存有」之中，故 logos 指的是存有。而另一方面，logos 是「位於前者」（das Vorliegende），它是其他置於其上的底層，故 logos 又指的是基礎。如此，存有與基礎共屬於 logos[69]。但若說 logos 指二者合併為一，這又將其差異性隱藏於後，如同在差異性中共屬性隱藏於後一樣。海德格以在歷史上祇有一個時刻曾出現存有與基礎的共屬性，這是古希臘赫拉克力圖（Heraklit）在藉 logos 之字以說明的方式，但仍非以顯明的方式來對它們做表達之時刻。其後在歷史上它們只表現著相離性，但因相併性隱藏於後，故二者不致毫無關係而分開，基礎因此轉而涉及由存有所決定之存有物，從而「每一存有物有一基礎」成為理所當然的命題[70]。故所謂存有離開（entzieht sich）我們，即指存有一方面隱藏在原先與基礎的共屬性之後，另一方面又以另個形態如原理、原因、理性基礎等來呈現[71]。反之，若我們跳至基礎命題之第二種調性，則我們可直接對存有思維，使存有真正具有「置於前」之義[72]。

過去曾言：存有為「離底」，這不是因為存有為自己的基礎，故無需其他基礎所致的結果。它根本上因為任何對存有的奠基皆

---

[69] 同上，P. 178-179.
[70] 同上，P. 180-181.
[71] 同上，P. 183.
[72] 同上，P. 184.

使存有不再共屬於存有，也使存有貶抑爲某存有物。存有既爲離底，但當它跳至新的調性時，我們是否陷入「無底」（Bodenloses）的深淵呢？一方面是，因爲如今存有不再安置在以存有物爲意義的基石上，且以它來做解釋；另一方面則否，因如果我們對存有思維，則它可作爲尺度之賦予者；當然這個尺度不是用來計算的。故唯有對存有的真理思維，這個跳躍才不致陷入無底深淵[73]。海德格又以跳躍至新的調性，爲對思維進行「遊戲」（Spiel），如此存有才得安置，人也如此才能對真理遊戲，又駐於遊戲之中。這是什麼遊戲呢？我們唯從遊戲的秘密本身去思維，才可知它的崇高性；但迄今的思維方式不足以爲之，因爲當我們藉之去思維遊戲時，這種思維則視遊戲爲某存有物了。屬於遊戲的正是基礎，遊戲的本質是自由與必然性之辯證，它處於決定著遊戲規則與計算的基礎範圍內。或許萊布尼茲說得好：

　　當上帝遊戲時，形成了世界。
　　Cum Deus caculat fit mundus；Waehrend Gott spielt，wird Welt.[74]。

　赫拉克力圖亦有言：

　　存有運命（世界時間），它是一孩子，遊戲著，玩著一木

---

[73] 同上，P. 184-185.

[74] 同上，P. 186.

牌遊戲（…）。

aion pais esti paizon , pesseuon（…）[75]

　　為什麼它（祂）遊戲著？它遊戲，「因為」它遊戲，遊戲沒有「為什麼」。一切剩下的只有遊戲：是最崇高與最深沉的；但這「只有」卻是一切，也是唯一的[76]。

　　海德格最後問：我們是否與如何去跟著遊戲，且安適於遊戲中[77]？他在稍前實已給了我們這個答案：身為會死的我們，只有與死亡相鄰才會被帶入遊戲中，而死亡為「此有」之最大可能性，能達乎存有與其真理之最高光照；死亡是尚未被思及的最崇高遊戲的尺度，人唯在世間被帶入其中…[78]。

　　在此海德格又回到《存有與時間》的立場，人唯在面對死亡中下定決心，才有最屬於自己的存在可能性，人也在此時有其自由[79]。鄰近死亡時我們被帶入遊戲中，這即是指自由而言，而這也即是前說遊戲本質是自由與必然性的辯證意義。因而，若以人的立足點言，他應當從這種遊戲本質去對存有與基礎思維；反之若從存有的立足點言，則遊戲本質為存有與基礎所決定。這也回

---

[75] 同上，P. 188.

[76] 同上。

[77] 同上。

[78] 同上，P. 186-187.

[79] M. Heidegger ， SZ ， 266.

答了海德格自己所提出的遊戲與存有或基礎間的前後關聯性問題[80]。而在第一節中我們曾強調海德格之「存在可能性」，它即可表示「遊戲」的意義。基礎命題之第二調性啓示著我們，這種可能性的「條件」（即基礎）從遊戲而來；反之，遊戲（即可能性）爲存有或基礎所決定。

四、存在概念科學與邏輯概念科學建立基礎之相輔相成

海德格在《基礎命題》講義裡，系統地對邏輯概念科學之基礎做了根本的解釋，也對它做了批判；更以「神秘」之語句對存在概念科學之基礎做了描述。具體來說，海德格反對將存有物視爲事物基礎來尋找，基礎唯在存有中──以人而言，在與死亡相鄰之遊戲中爲存有顯露之時──來體證。但這二者是否只是對立，而毋寧更需要相輔相成呢？在海德格的批評下，康德之超驗方法賦予基礎命題一「先天可能性的條件」之面貌，但其仍未脫離第一調性之意義[81]。我們在前面業已指出，以胡塞爾嚴格科學的立場來看，康德對科學所探得之基礎仍具有神祕未解之色彩；在海德格來看，康德一方面將與存有合併之真正科學基礎隱藏於後，另一方面則以其超驗的方法探得屬於第一調性的基礎，這個表面的基礎遂仍隱涵神秘的第二調性基礎於其中。而即使如胡塞

---

[80] M. Heidegger，SG，186.

[81] 同上，P. 124-128.

爾本身,也僅能以「即事窮理」之自我負責精神對神秘避而不見,並以無限遠處的理念爲鍥而不捨之追求目標。

如果第二調性之基礎命題是如此崇高與深沉,那麼這種莫測高深的境界應屬於理想層次。筆者曾在<現象學與當代科學哲學>一文中,嘗試以具神秘色彩之一「整體論」(Holismus)思想,一方面解釋當代相對論及量子力學之科學哲學背景,另一方面問及,海德格的存在概念科學之基礎是否可在宇宙中的「隱涵秩序」(implizierte Ordnung)裡得其解答,而它只能對我們以抽象與相對的方式展現其「顯明的秩序」(explizierte Ordnung)而已?[82]若邏輯概念的科學針對的是存有物,而它們是從具隱涵秩序之「絕對總體」(absolute totality)所顯現出者,那麼其所建立之基礎也必須在此顯明的部分來尋找。因此向絕對總體探討之科學可由存在概念的科學所涉及,它所要求之基礎也必然在隱涵的秩序之中。

誠如前面所言,這種神秘之深思對胡塞爾爲「混亂的」。他與康德一樣,探討先天可能性的條件,且此條件在主體中尋找。換句話說,這是在人之主體中尋求客觀知識有效性基礎的問題。相對之下,神秘主義者以啓示來說明有效性。我們可承認,科學或宇宙之最終基礎果真具有高深的神秘性,而它事實上已隱涵在

---

[82] 參閱汪文聖,<現象學與當代科學哲學>,哲學雜誌, 12 期(1995 年 4 月),頁 146-163 ,其中頁 155-161 ;該文已節錄於汪文聖,《胡塞爾與海德格》(台北,遠流出版公司,民國 84 年),頁 125-133。

以主體為最終基礎的哲學理論中。今胡塞爾固以神秘為混亂的深思，以它不隸屬「嚴格理論之事」，但卻以它為「智慧之事」[83]。若以胡塞爾之「存而不論」（ epoch'e ）方法，將神秘性擱置一旁，而不將它否定，則胡塞爾所進行在主體中求得科學最終基礎的活動，實際上是將原屬理想層次之基礎經由你我皆能親身體驗的「生活世界」開始重新建立，其目的更在於使基礎得以普遍化，形成人人可學之邏輯概念的科學。當然顧及「即事窮理」一面，則對絕對總體之企及將也有命運性的困難。故我們似乎在做個抉擇：以神秘性為基礎或以主體為基礎？但事實上我們更在對此二者，乃至於對存在概念科學與邏輯概念科學建立真正相輔相成的關係。

此因胡塞爾面對過去有意無意處於神秘或神話的哲學家進行剖析；他之不否定神秘，對神秘之「存而不論」，旨在打開對神秘性追根究底的門路，這意味著將原屬理想層面的神秘落實在現實層面。故「科學之存在概念」屬於理想層面，「科學之邏輯概念」屬於現實層面，由於胡塞爾之「即事窮理」的精神，使得二者才有相輔相成的可能。反之，若祗顧及邏輯概念科學的現實層面，則無法上達理想；若祗安身於，或擺脫不開神秘之色彩，則不能對「科學之邏輯概念」做徹底的探討。前面曾指出的康德、德國觀念論如此，海德格更為如此，海德格認為邏輯概念之科學是「此有」的一種「缺失」（ Defizienz ）現象[84]，他對於建立在

---

[83] E. Husserl ， SW ， P. 69.

[84] M. Heidegger ， SZ ， P. 61.

主體之科學持有極強烈之排斥感。今胡塞爾則致力於徹底發掘主體意識之意向性，以求得一股強韌之生命力，從基於生活世界而處理邏輯發生學開始，亦步亦趨之朝向對整個世界，乃至絕對總體而探究。他唯對邏輯概念做如此徹底的探討，才得以展現其將神秘性化解在我們可意識的範圍內之企圖。也唯因胡塞爾注意到邏輯的發生學問題，其所建立之科學才有可能介於邏輯的概念與存在的概念之間[85]。

　　另外，除了胡塞爾現象學的學理之外，我們又可藉由李約瑟所探討的中國科學文明實例為依據，以進一步反省中國科學文明應如何面對西方科技的態度，從而我們也可具體瞭解存在概念與邏輯概念二種科學型態相輔相成的必要與可能性。今乃以這個討論作為本文的綜結部份。

　　李約瑟曾指出中國科技文明屬於「原科學」（ Proto-Science ）之雛型，它由主張五行說之陰陽學家所創，此即陰陽家之神秘思想曾形成了如煉金術、針灸、風水說、藥劑學、手工藝等科學，陰陽五行說也是這些科學的有效性基礎。李約瑟並指出，中國多

---

[85] 在這裡我們不再探討其作為科學哲學之意義，及其中所可能出現的問題。對此討論請參閱汪文聖，＜描述與解釋－胡塞爾現象學作為科學哲學之一探討＞，該文已於「文科學術理論研討會」（台北，1996 年 11 月 2-4 日）發表，並刊載於《哲學雜誌》 20 期（ 1997 年 5 月，頁 64-89 ）。其中曾指出胡塞爾所建立的科學有介於存在概念與邏輯概念之間的意味（頁 67 ）。

重人事，時間概念既常與人之行為或事物發生相關聯；今陰陽家以五行之相生相剋來解釋各種事物，故時間也受制於五行之循環，成了在循環中之段、塊、盒狀之分割[86]。我們知道，這種時間性在海德格看來是屬於「世界時間」（Weltzeit）的[87]，它和內容結合，而非將內容抽離後所剩之成為連續線性的「赤裸裸」（nackt）時間[88]。今「世界時間」成為「原科學」產生的環境，甚或成為其形成的條件之一。

事實上，「原科學」之以實用為目的，這與科學之存在概念以「及手之物」（Zuhandenes）為科學的內容不異。對海德格言，「世界時間」為「此有」對物關切所形成之有內容的時間，它雖不是作為最根本條件之「原本時間」，卻是「科學之存在概念」可能性之條件之一。故原科學與存在概念的科學皆以神秘思想為其基礎，也以世界時間為其條件。這使我們憶及：前面所提的赫拉克力圖不曾以世界時間和遊戲之孩子相提並論嗎？且對於人在與死亡鄰近中被帶入遊戲而言，海德格不也對這決心面對死亡之遊戲，做了與內容相結合之原本的時間分析嗎[89]？

但是，若這裡再由赫拉克力圖來看海德格所稱之神秘意境

---

[86] J. Needham ， Wissenschaftlicher Universalismus - ueber Bedeutung und Besonderheit der chinesischen Wissenschaft ， Frankfurt a. M.， Suhrkamp ， 1979 ， P. 187-188.

[87] M. Heidegger ， SZ ， P. 419.

[88] 同上， P. 424.

[89] 同上， P. 325-339.

137

時，我們正可就西方哲學史中的現象來做個省察：蘇格拉底
（Sokrates）前的「辯士學派」（Sophistes）正以赫拉克力圖為
一個源頭，因赫氏原以 logos 為在神的眼光前，統一人世間對立
者；但在辯士先自限於 doxa 之範圍，繼而以自己的尺度去衡量屬
於他人的範圍時，卻利用 logos 為自己的判斷凌駕於他人的判斷
之語言工具，以致 logos 遠離了真理，人生毫無立足點可言。這
反映了神秘的事因客觀標準之難求所產生的流弊[90]。

　　與之類似的，由於缺乏從主體（此處當是指認知的）做基礎
來作有效性之檢驗標準，故在中國由神秘性思想所建立之科學，
始終因延傳性與可靠性沒有保障，以致於對人盡其實用性之價值
亦沒有保障。神秘之事既無共識的檢驗標準，社會裡也出現「迷
信」與對「神秘」信仰不分的弊相，這是另一種辯士學派的翻版。
反之，一旦這種「原科學」取得了客觀有效性與方法，這也是藉
用西方科學之概念及方法後的結果。

　　但是，海德格對西方邏輯概念科學的批判我們仍需牢記在
心。由海德格直接對科學之存在概念的肯定，與直接對屬於第二
調性之科學基礎的探究，我們一方面可深入體會科學真正之最終
基礎當在神秘之理想層面，另一方面更可理解胡塞爾嚴格科學之
立場，以及對它所進行之徹底方法的用心良苦。海德格所嚮往的
存在概念科學猶如過去中國科技文明裡的原科學。如果我們一方
面不願意流於在追求神秘時所易發生的弊端，另一方面又不欲陷

---

[90] 探討辯士學派之源頭問題參閱 K.-H. Volkmann-Schluck ，P.141-146.

入西方近代科學文明所造成的危機，我們的確可就胡塞爾現象學的立場，對中國的科學文明進行「存而不論」。這裡再次地強調：「存而不論」不是否定，卻是打開對「原本理所當然所面對之某事態」的探討門路[91]。如此，我們可將原本起於高深神秘基礎之理想層次的科學，重新建立在由「生活世界」出發之主體基礎上。這是我們面對西方科學文明應有的態度，也是將科學之存在概念與科學之邏輯概念相輔相成的方法之一吧！

汪文聖　政治大學哲學系
FAX：(02)9390514

參考書目：

J. G. Fichte ， *Zweite Einleitung in die Wissenschaftslehre*（1797），in ： *Fichtes Werke* Bd. I ， Hrsg.： I. H. Fichte ， Berlin ， Walter de Gruyter & Co.， 1971 ， P. 451-518.

M. Heidegger ， *Sein und Zeit* ， Tuebingen ， 1979.

M.Heidegger ， *Prolegomena zur Geschichte des Zeitbegriffs* ，

---

[91] 請參閱汪文聖，《胡塞爾與海德格》，頁 11，及其中所列舉持同樣看法之現象學者。

Gesamtausgabe Bd.20，Frankfurt a. M.，1988.

M. Heidegger，*Der Satz vom Grund*，Tuebingen，Neske，1992.

M. Heidegger，*Was ist Metaphysik ?*，Frankfurt a. M.，1986.

K. Held，Heidegger and the Principle of Phenomenology，in：*Martin Heidegger － Critical Assessments*，edited by Chr. Macann，Volume II：History of Philosophy，P.303-325（transl. by Chr. Macann）。

E. Husserl，*Die Krisis der europaeischen Wissenschaften und die transzendentale Phaenomenologie.* Eine Einleitung in die phaenomenologische Philosophie，Hua Bd. VI，Den Haag，1954.

E. Husserl，*Analysen zur passinen Synthesis. Aus Vorlesungens und Forschungsmanuskripten 1918-1926*，Hua Bd. XI，Den Haag，1966.

E. Husserl，*Erste Philosophie*（1923/24）. Zweiter Teil：Theorie der phaenomenologischen Reduktion，Hua Bd. VIII，Den Haag，1959.

E. Husserl，*Formale und transzendentale Logik. Versuch einer kritik der Logik*，Hua Bd. XVII，Den Haag，1974.

E. Husserl，*Philosophie als strenge Wissenschaft*，Frankfurt a. M.，1965.

I. Kant，*Kritik der reinen Vernunft*，Hamburg，Mainer Verlag，1976.

Th. I. Kisiel，Husserl on the History of Science，in：J. J.

Kockelmans and Th. I. Kisiel ，*Phenomenology and the Natural Science* ，Evanston ，North-western University Press ，1970.

J. J. Kockelmans ，*Ideas for a Hermeneutic Phenomenology of the Natural Science* ，Dordrecht ，Kluwer Academic Publishers ，1993.

J. Needham ，*Wissenschaftlicher Universalismus — ueber Bedeutung und Beson derheit der chinesischen Wissenschaft* ，Frankfurt a. M.，Suhrkamp ，1979.

Th. M. Seebohm ，Wussenschaftsbegruendung und Letztbegruendung im Denkweg Martin Heideggers ，in ： *Zur Selbstbegruendung der Philosophie seit Kant* ，Hrsg.： W. Marx ，Frankfurt a. M.，1987 ，P.157-177.

Th. M. Seebohm ，Transcendental Phenomenology ，in ： *Husserl's Phenomenology ： A Textbook* ，edited by J. N. Mohanty and W. R. Mckenna ，Washington D. C.，1989 ，P. 345-389.

Th. M. Seebohm ，Consider on 'Der Satz vom Grund'，in ： *The Question of Hermeneutic* ，edited by T. J. Stapleton ，Dordrecht / Boston / London ，Kluwer Academic Publishers ，1994 ，P.237-253.

R. Sokolowski ，*Husserlian Meditations* ，Evanston ，Northwestern University Press ，1974.

K. -H. Volkmann-Schluck ，*Die Philosophie der Vorsokratiker* ，*Wuerzburg* ，Koenigshausen & Neumann ，1992.

牟宗三，《理則學》，台北，正中書局，1971 年。

汪文聖，〈現象學與當代科學哲學〉，《哲學雜誌》， 12 期，
　　1995 年 4 月），頁 146-163 。

汪文聖，〈「範疇直觀」在胡塞爾現象學中之意義〉，《鵝湖學
　　誌》， 15 期， 1995 年 12 月，頁 1-22 。

汪文聖，《胡塞爾與海德格》，台北，遠流出版公司， 1995 年。

汪文聖，〈描述與解釋——胡塞爾現象學作爲科學哲學之一探
　　討〉，該文已於「文科學術理論研討會」，台北， 1996 年
　　11 月 2-4 日發表，並刊載於《哲學雜誌》 20 期， 1997 年 5
　　月，頁 64-89 。

汪文聖，〈胡塞爾之「邏輯發生學」〉，《政大哲學學報》，第
　　三期， 1996 年 12 月，頁 69-83 。

關鍵詞：

海德格　　胡塞爾　　李約瑟　　科學哲學　　邏輯的可能性
存在的可能性　　科學的邏輯概念　　科學的存在概念
原科學　　最終基礎　　基礎命題　　存而不論　　神秘
遊戲　　死亡

中文摘要：

　　「可能性」概念具備三層意義:或然性、本質性與現實性，前二者爲傳統邏輯與超驗邏輯所處理而屬於「邏輯的可能性」，後者爲海德格的「超驗存有學」所處理而屬於「存在的可能性」。與之相應，海德格區分了「科學的邏輯概念」與「科學的存在概念」，並以後者爲自己的科學理念，也尋求該科學的可能性條件。

　　在《存有與時間》裡海德格分析了「此有」的時空性與「存在性徵」，因而該書闡釋了存在概念科學之可能性條件，且其中已蘊涵著此型態科學的最終基礎不在主體，卻得自「存有」一種神秘性的啓示。在晚期的《基礎命題》裡，海德格對邏輯概念科學之基礎做了根本的解釋，也對它做了批判，更以神秘的語句對存在概念科學的基礎做了描述:科學的基礎不應在「存有物」來尋找，它唯在「存有」中，而就人而言，「存有」在與死亡相鄰的「遊戲」中開顯著。因而，「遊戲」成了人存在的最大可能性，成了存在概念科學的最終基礎在人的展現。

　　科學的存在概念可歸於理想層面，科學的邏輯概念可歸於現實層面，二者實都不應該被忽略。胡塞爾對神祕性存而不論，以打開對其追根究底的門路，此即意味著將理想落實在現實層面，他做的正是對存在概念科學與邏輯概念科學相輔相成的工作。過去屬於「原科學」的中國科學文明也曾以神秘思想爲其基礎，它是海德格的存在概念科學之一型態，若我們不否定其理想，但求其普及落實，實可參照胡塞爾對科學最終基礎處理的方法來應對。

Heidegger's Investigation of the Last Foundation of Science

key word :

Heidegger   Husserl   J.Needham   philosopy of science
logical possibility   eksistential possibility   proto-science
the logical concept of science   the exsistential concept of science
the sentence of the ground （ der Satz vom Grund ）   mystery
the last foundation   epoché   game   death

abstract :

The notion of "possibility" has three meanings : probability, essentiality and actuality. The former two are treated in the traditional and the transcendental logic, belong to "logical possibility"; the latter ist treated in the "transcendental ontology" Heidegger's, which belongs to Heidegger's "eksistential possibility". Accordingly, Heidegger distinguishes between "logical concept of science" and "exsistential concept of science". He takes the latter one for his own ideal concept of science and also seeks the conditions of possibility of such science.

In "Being and Time （ Sein und Zeit ） " Heidegger analyses the temporality, spatiality and "Existenzialien"of "Dasein". Thus "Being and Time" has shown the conditions of possibility of the exsistential concept of science and that the last foundation of such science does not consist in the subjectivity, but comes from a mystical openness of "Being". In "The Sentence of the Ground（Der Satz vom Grund）" of the latter time Heidegger explains thoroughly the grounding of the logical concept of science, he criticizes it and also describes with mystical sentence toward the grounding of the exsistential concept of science: The ground should not be sought in "being（Seiendes）", but only in "Being（Sein）", and "Being" can be disclosed for human being at the moment of being close to the death, i.e. being in the "game". Thus the "game" would be the most eksistential possibility of "Dasein" and be the openness of the last foundation of the exsistential concept of science to human being.

We can consider the exsistential concept of science to be in the ideal dimension and the logical concept of science in the actual dimension. Both of them should be taken in account. Husserl performs epoché against the mystery in order to make it accessibly. This means the realization of the ideal; what he does is to combine the exsistential and the logical concepts of science. The scientific civilization in the old China which belongs to a type of "Proto-science" was founded also in a mystical thought. It can be regarded as a type of the exsistential concept of science in Heidegger's meaning. If we do not refuse its ideal, but claim its generalization and realization, we can surely treat it in the view of Husserl's solution of the last foundation of science.

《台灣哲學研究》第 1 期（ 1997 年 9 月）： 147-182

裴爾士論直觀[*]

趙之振

　　在一八六八年發表的一篇論文〈四種無能的一些結果〉中，裴爾士曾經將西洋中世紀的士林哲學與近代哲學裡的笛卡兒主義作如下簡要的比較[1]：

（一）笛卡兒主義認爲哲學必須從普遍的懷疑開始；而士林哲學對於一些基本原理卻從來不加以懷疑。

（二）笛卡兒主義認爲對於確定性（ certainty ）之終極的檢驗，是在個體的意識當中被發現的；但士林哲學則是以諸聖哲與天主教教會之證言（ testimony ）爲基礎的。

（三）中世紀有各種形式的論證；笛卡兒主義則憑藉一種單線的推論（ single thread of inference ），而且這

---

* 本文承蒙兩位匿名審查人提供寶貴意見，使得本文能減少一些錯誤與令人誤解之處，謹此致謝。又朱翰英同學在文書處理上提供極大幫助；而本文之完成，得力於國科會專題計劃之補助（計劃編號：NSC85-2411-H-007-005 ），於此併致謝忱。

[1] 參看 *W2* ： 211-212 ， 1868 。

種推論時常是依賴於一些不太明顯的（inconspicuous）前提[2]。

（四）雖然士林哲學秉持其信仰上的奧秘，但對於一切被創造之物，都試圖去加以解釋；可是笛卡兒主義對很多事實不僅是不予以解釋，反而使得它們成爲絕對無法闡釋的（absolutely inexplicable）——除非我們把「上帝使這些事實如此」也算作是一種解釋。

　　裴爾士認爲：近代以來大多數的哲學家或多或少都受到了笛卡兒主義之影響；可是近代科學之發展與成果卻不是以笛卡兒主義那樣的方式爲依據的。他對上述的笛卡兒主義，提出了反對的意見。當然，他的反笛卡兒主義，並不是爲了替士林哲學作辯護，而是建立在自己一群直接或間接的論證之上。要對這一群論證作深入詳盡的探討，必須涉及裴爾士哲學的許多側面；在這裡，我們僅僅關注於他在一八六八年圍繞著「直觀」（intuition）問題所提出的一些論證，因爲在裴爾士心目中，他所提出的這些論證，在相當程度上是針對笛卡兒主義之精神而

---

[2] 此處以「不太明顯」來表述笛卡兒主義之推論前提，似乎有點令人困惑，因爲笛卡兒常常強調的便是清晰性（clarity）或自明性（self-evidence）之類的概念。關於這一點用詞上的困惑，我們將在下文稍作進一步的討論。

發的[3]。本文的工作有兩項：第一，我們將闡釋裴爾士的論證，並檢視它們是否能成立。第二，我們將試圖來看這些論證是否跟以上裴爾士對笛卡兒主義所作的四點表述相關聯起來，而且希望透過與笛卡兒主義之對比，突顯裴爾士早期知識論的一些特點。

在正式進入本文工作之前，還有兩點需要稍加說明的。第一，我們知道，笛卡兒與笛卡兒主義是有所區別的。一名笛卡兒主義者的主張，往往跟笛卡兒自身的主張即有差異，譬如，馬力布朗雪（ Malebranche ）即是一例。在這裡，我們並不想追究裴爾士對笛卡兒主義之表述是否與歷史上的笛卡兒主義相符合，而是把這些表述當作本文的討論對象。撇開歷史上的笛卡兒主義不談，我們認為：至少裴爾士的表述（一）和（二），與笛卡兒本人之主張是相當一致的。第二，本文的討論對象主要是屬於裴爾士早期反笛卡兒主義的一個核心，隨著思想的發展，他的反笛卡兒主義也表現在其他學說之上。我們曾經在另一篇論文裡探討了裴爾士晚年所提出來的批判常識論，指出了後者與笛卡兒主義式的基礎論有何分別[4]。從裴爾士的思想發展來看，本文的工作在某種程度上也可以說是批判常識論的探源工作，一旦我們理解裴爾士早期的反笛兒主義之論據，便不難

---

[3] 裴爾士在談到〈論某些被視為人所具有的能力〉（ Questions Concerning Certain Faculties Claimed for Man ）的時候，便曾經提到他是以一種與笛卡兒主義相反的精神來撰寫該文的。參看 *W2* ：213 ， 1868 。

[4] 趙之振（ 1995 ）。

看到其晚年的批判常識論，其實在其早年的反笛卡兒主義之精神中已具胎息。

　　早期裴爾士對笛卡兒主義之批評是多面相的，其中一個重要的面相是圍繞著對「直觀」問題之論述而展開的，更確實地說，這是一連串對「直觀」這一概念展開批評的論證[5]。在陳述這些論證之前，讓我們首先來看裴爾士所謂的「直觀」是甚麼意思。裴爾士完全自覺到「直觀」一詞是具有歧義的，而他聲稱自己使用這個字詞時，是意指這樣的一種認知：此一認知並不被「先前對於同一個對象之認知」所決定，從而此認知是受到某些外在於意識的東西所決定的[6]。此外裴爾士又說：凡是不

---

[5]　另外一個重要的面相，便是對方法論的懷疑展開批判。對於笛卡兒而言，凡是依於直觀而獲致的認知都是無可懷疑的，而知識上不可懷疑的始點，便是那些我們能夠直觀地認識其為真的前提。由此可見，裴爾士對笛卡兒主義之批評的兩個面相是相互關聯的。然而本文之主要目的並不是要從笛卡兒的直觀論來談裴爾士的直觀，也不是關心笛卡兒或笛卡兒主義本身的學說，而是試圖考察早期裴爾士有關直觀之論述，以此來突顯早期裴爾士知識論的一些性格。在一般裴爾士研究當中，針對裴爾士有關直觀之論證仔細討論者極少，Prendergast（1977）也許是少數的例外，但我們處理的方式跟他不同，結論也有異。

[6]　參看 *W2*：193，1868.此處「從而」是裴爾士原文既有之義，但為何這樣說，卻不易理解，因為這意涵著：如果一認知（Bn）不是受外在於意識的東西所決定，則便是被先前對於同一個對象之認知（Bm）所決定。然而，何以此處要限定為「同一個對象」，裴爾

士卻沒有給予任何理由。假設 Bn 的對象爲 a，我們不難想像在某種情形之下，雖然 Bn 是受先前的認知 Bm 所決定，可是 Bm 之對象卻不一定是 a。這樣，我們固然可以說，此處「從而」一詞所表達的蘊涵關係，並不能成立；但是，假如我們不限定 Bm 與 Bn 之對象爲相同的，即「直觀」僅意指不被先前的認知所決定的認知，而不必涉及認知對象是否爲相同的問題，那麼，我們便比較能理解爲何一認知若不受先前的認知所決定，則此認知便是受意識外的東西所決定。事實上，我們在下文即可看到，裴爾士在談直觀時，不必然有上述「同一對象」這樣的限定。因此，如同一般的裴爾士學者那樣，我們也是以這種非限定的意義來理解裴爾士所用的「直觀」。不過，一般學者似乎沒有注意到，裴爾士這樣的直觀概念，是預設了一點，此即決定認知之途徑祇有二：一是意識外的對象，一是先前的認知。當然，此一預設是可爭議的，但早期的裴爾士對此一預設似乎並無自覺。

此外，裴爾士似乎也忽略了「認知對象」的問題。一般而言，認知的內容往往是以命題的方式來表達（於此我們不討論跟命題概念有關的種種問題），但是在以關係命題（如 Rab）來表達的認知當中，其認知對象爲何，卻不易斷定。不過早期的裴爾士尚未發展出關係邏輯，仍然跟隨傳統，認爲命題皆具主詞–賓詞式的基本結構，而命題之對象乃是命題之主詞所指涉的對象。也許我們可以說，對他而言，一認知之對象，便是表達此一認知內容之命題之主詞所指涉的對象。然而，我們在下文可以看到，裴爾士在討論直觀時所談及的認知，卻不一定是判斷式（命題式）的。那麼，對於非命題式的認知，其對象爲何，便不能憑命題之主詞來決定。對於這

受先前的認知所決定，而直接被先驗對象（ transcendental object ）所決定的，便名之爲「直觀」[7]。於此，「直觀」可以說是指不受先前的認知所決定的認知。這種說法固然不是沒有根據，因爲裴爾士在區分「與抽象（ abstractive ）認知相對之直觀」和「與思辨（ discursive ）認知相對之直觀」的時候，的確是說他自己用「直觀」一詞的意義是比較接近上述第二種意義下的直觀。依此意義，直觀的認知正是不受先前的認知所決定的[8]。不過我們希望不要忽略的是，「直觀」還有另一層意義，此即它是直接被意識之外的對象所決定的認知，認知者只要對其認知對象作沉思，即可直接地認識對象，而中間不需要憑藉任何的其他認知或前提。我們認爲，只有把握住「直觀」這正面與反面的兩層意義，才能對裴爾士反笛卡兒主義的論證有較

個問題，裴爾士似乎沒有甚麼說明。

[7] 參看 *W2* ： 193-194 ， 1868.此處所說的「先驗對象」很可能是受康德所影響，當裴爾士用此一字的時候，一般都是指他心目中的康德所謂的「物自身」而言。就康德哲學來說，這種把先驗對象等同於物自身之看法當然是可議的，而裴爾士對康德「物自身」概念之理解也不是沒有問題，不過我們這裡不必涉及康德哲學之詮釋問題，我們只要知道裴爾士此處所說的「先驗對象」是相類於「物自身」之義即可，扣緊此意義來理解「先驗對象」，可以幫助我們理解裴爾士反對直觀認知的一些論證。

[8] 參看 *W2* ： 193 n.1 ， 1868.此處裴爾士並沒有提到認知對象是如何的問題。

好的理解[9]。

　　對於主張我們有上述意義下的「直觀」的人，裴爾士首先提出如下的問題：「獨立於任何先前的知識，而且不從符號（ signs ）作任何推理，僅僅靠著對一認知作單純的沉思（ contemplation ），我們是否能夠正確地判斷出：該認知到底是被一先前的認知所決定，抑或是它直接地指涉到其對象去？」〔問題一〕[10]裴爾士對這問題的表述似乎頗有使人被誤導之處，因爲從字面看來，它涉及了認知之指涉（ reference ）的問題；而從其論證看來，他的問題其實是：我們是否能以直觀的方式直接地決定一認知是直觀的抑或是非直觀的[11]？裴爾士對這問題的回答是否定的。他主要的論據是這樣的一條原則：（ P ）一認知之被其他認知所決定、抑或是被先驗對象所決

---

[9] 雖然是如此，我們並不認爲裴爾士對「直觀」的釋義是沒有問題的。一個受到學者所忽略而其實需要釐清的問題是：裴爾士在解釋何謂「直觀」時，他所說的「決定」到底是邏輯性的決定抑或是因果性的決定？對於這一個問題，我們將在展示裴爾士的論證時提出來討論。

[10] *W2*： 193 ， 1868.

[11] 直觀的認知不被先前的認知所決定，而被其對象所決定，這是一回事；如此的（直觀的）認知是否以上述決定此認知的對象爲其指涉對象，又是另一回事。裴爾士的表述是否暗示了他把這兩對象視爲同一？這是一個可以探討的問題。譬如說在一種外在論的立場之下，把認知對象與指涉對象等同起來，並非完全不可能。不過這跟我們目前此處所討論的問題沒有直接的關係，故暫不處理。

定，並不是該認知之直接內容（ immediate content ）的一部份。現在假設 B 為一認知，如果我們能以直觀的方式來決定 B 到底是被其他認知所決定、抑或是被先驗對象所決定，則我們便可以不透過任何假設或推理，而只透過對 B 作單純的沉思，即可以直接認識到 B 本身是否為直觀的認知。然而，根據上述的原則（ P ），單純對 B 作沉思所得的內容，並不告訴我們 B 到底是被其他認知所決定、抑或是被先驗對象所決定。因此，我們並不能以直觀的方式來決定 B 是不是直觀的認知。而且裴爾士更進一步說，倘若我們堅持認為我們具有一種直觀的能力來分辨一認知是否為直觀的，那麼這最多只能說我們似乎感覺到我們具有那樣的能力而已。但是，裴爾士認為這不過是把原來的問題往後推一步罷了，因為人們依然可以問：這種感覺到底是一種直覺，抑或是從教育或聯想等等別處而來的結果？而這個問題的回答，卻不能單憑這感覺自身便能給予的。換言之，原來的問題依舊存在。在某一意義來說，任何當下呈現的認知，都可以被看作是一種直觀，這一點裴爾士並不否認[12]，而且就此一意義來說，上述那種感覺，只要它是一種當下的感覺，也可以說是一種直觀。只是裴爾士在這裡討論直觀的問題時，卻不是取此一意義下的直觀作為討論對象，亦即裴爾士不從認知之當下性來談它是否為直觀，而是從它是否為先前的認知或先驗對象所決定來談。另外有一點應當注意的地方：裴爾士對〔問題一〕給予否定的答案，但這並不是直接論證我們沒有直觀的

---

[12] 裴爾士說：「每一認知，就其作為當下呈現的某物而言，當然本身就是一直觀。」見 *W2* ： 194 ， 1868 。

認知，而是說即使有直觀的認知，我們也不能透過直觀的方式來判斷它到底是否爲直觀的。至於我們能否以非直觀的方式來作這樣的判斷，裴爾士卻沒有明言。不過從他所舉的一些例子當中，或許可以幫助我們進一步理解裴爾士對〔問題一〕的否定答案[13]。

例一：從歷史來考察，有些認知曾經一度被人視爲直觀的，可是後來人們卻不以爲然。裴爾士舉出的例子是中世紀的「權威之可信度」（ credibility of authority ）[14]。對於當時的人來說，權威之可信度並不依賴於任何前提，它本身就是終極的前提。裴爾士於此想說的是：當時人們視權威（譬如《聖經》上面所說的一些話）爲知識之最終根據，也就是說這權威本身並不依賴於任何前提。當然，如今我們都會認爲這裡所說的權威並非是不依賴於任何前提的，可是，如果人們果真有直觀的能力來分辨一認知是否不依於任何前提或先前的認知，亦即單憑對此一認知之沉思即可作這樣的分辨，那麼，中世紀的人應當單憑對權威作沉思即可認識到這權威並非不依於任何前提的，但是中世紀的人卻不作如此的認識，可見人們是沒有上述那樣的直觀能力。從這個例子，我們可以看出一點：中世紀的人是以非直觀的方式來判斷他們所認定的權威是不依於任何的前提。從今日看來，這樣的判斷也許是不正確的，但是，這不能因此而否定他們能以非直觀的方式來作如此的判斷。而且，

---

[13] 裴爾士舉的例子不少，但我們不必在此逐一分析，而僅依類擇其二而討論之。

[14] 參看 *W2* ： 194-195 ， 1868.

我們還可以進一步說，正是因為它們是以非直觀的方式來作判斷，故我們可以理解何以他們的判斷是錯誤的，因為以非直觀的方式來作判斷，正是意味著他們的判斷是依賴於其他的認知或前提的。因此，他們判斷之所以錯誤，便可以從推理之正確與否以及前提之真假來作解釋。

例二：上面的例子是屬於比較宏觀歷史變化方面的，另外一類的例子則是屬於感官知覺方面的。裴爾士之所以選擇這一類的例子，我想是因為一般來說我們都把感官知覺看作是直觀的。裴爾士所談到的例子包括了視覺、聽覺與觸覺。我們在這裡僅以視覺為主要的討論對象[15]。裴爾士利用視覺經驗方面而提出的論據可分為兩部份：首先他以柏克萊的《視覺新論》為例，指出在柏克萊之前，大家都認為我們對於三度空間可以具有直觀，而事實是我們透過推論才知道的。這一部份的論證，與上述第一類的例子相近，都是從歷史的變遷來說明一項以往被視為直觀的知識，到後來卻被認為是非直觀的。若僅止於這部份，則裴爾士的論據不惟與第一類的例子所說者無本質的分別，而且還有一個困難，原來依柏克萊的視覺理論，我們光憑視覺雖然無法對三度空間有所知覺，可是他並不反對我們可以看到各種的光與色[16]；因此，若依柏克萊的理論，人們雖不能說我們具有對三度空間的直觀，可是人們卻似乎可以說我們具有對二度空間的直觀。在這裡，裴爾士即引進其論據的第二部

---

[15] 參看 *W2*： 196-199， 1868.我們這裡是把裴爾士有關視覺的例子作綜合的論述。

[16] 參看 Berkeley（ 1974 ） p.326.

份。他從神經生理學的一些理論來指出，我們一般所認爲的對二度空間的知覺，若從視網膜的結構來看，我們「直接看到」的，並不是一個連續的平面，而是一些斑點的集合。每一個斑點都是視網膜上神經刺激的結果，但是我們對於每一個孤立的斑點的感覺，並不足以構成空間的知覺，後者其實是大量神經點（ nerve-points ）受一連串的刺激後所產生的複雜關係所構成的。而以上所說的種種，當然都不是僅僅在直觀中就可以被發現的。因此，裴爾士認爲我們對空間的知覺，其實是需要許多先前的認知來決定的。

　　這裡有一點需要作進一步的說明。裴爾士把直觀看作是不受先前認知所決定的認知，因此，如果把認知限定在判斷的範圍來說，則直觀可以被看作是「本身不作爲結論」的前提[17]，亦即這是終極前提，它不是從任何其他前提而來的。（若從其他前提來，則這認知本身便是這些前提之結論了。）可是裴爾士在界說「直觀」的時候，他所說的認知並不限定於判斷的範圍[18]。在上面對二度空間之知覺的陳述當中，當裴爾士下結語說這知覺需要許多先前的認知來決定的時候，他事實上是把視網膜上的神經因受刺激而生起的斑點「感覺」也當作是一種認知，而從認知主體方面來說，這種感覺本身可說是不屬於判斷的範圍。若主體對於這種認知要有所認識，也只能透過非直觀的方式來進行，更精確一點地說，這種知識是透過我們對視覺機制之科學知識而獲致的。就這一點而言，即使裴爾士論證中所提

---

[17] 關於這種意義下的直觀，可參看 *W1* ： 515 ， 1866 。

[18] 參看 *W2* ： 193 ， 1868 。

157

到的生理事實有不盡正確的地方，只要有關這方面的事實的認識只能靠科學才能得到，則與他論據之要旨並不相違。

從上面的例子，我們可以看出以下三點：第一，裴爾士所說的「認知」可以包括判斷式（或命題式）與非判斷式的兩類，而且從上述的例子看來，裴爾士至少並不認為一切的認知都必須是我們透過內省即可以意識到的，換言之，至少對於一部份的認知來說，我們是無法以內省的方式來意識到我們是具有該認知的。在一般情形來說，像視網膜神經受刺激而生之類的微觀現象，我們似乎不會稱之為是一種認知；如果是這樣，則裴爾士訴諸視覺經驗所依賴的機制，最多只能說我們的視覺是受這機制所決定，但不能說它是受別的認知所決定的，因為這機制是一連串的事件（而不是認知）所組成的。或許我們可以從某種外在論的立場來替裴爾士作解釋：當視網膜神經受刺激之後，主體 S 擁有某些資訊（ information ），就擁有這些資訊而言，我們可以說 S 擁有了知識，儘管 S 對這些資訊並無所知。[19]當然，我們並不認為上述外在論式的知識觀是毫無問題，但是，我們認為假定這一時期的裴爾士具有如此的知識觀，除了使我們可以比較理解他的論證之外，此一假設也跟下面所說的第三人身立場的知識論觀點相互一致[20]。第二，裴爾士說直觀是不受先前的認知所決定，而是直接受先驗對象所決定，然

---

[19] 關於擁有資訊是否為擁有知識的討論，請參看 Lehrer （ 1990 ）第二章與第八章。

[20] 從裴爾士哲學的發展來看，這種外在論式的知識觀跟他青年時期的真理觀卻有一脈相承之處。關於後者，請參看 Chiu （ 1995 ）。

而，他卻沒有說明這裡所說的「決定」，到底是邏輯方面的抑或是因果方面的。我們可以比較確定的是：當他在談認知與先驗對象之決定關係的時候，應該是談因果的關係；但是在談認知與認知之間的關係時，則可能包含上述所提的兩個方面。因為從視覺的例子來看，所謂對二度空間之知覺是許多先前的認知所決定，這裡所說的明顯是包含了因果性質的決定。（這自是不排除尚有邏輯的因素。）但是在談到判斷作為一種認知的時候，所謂的「決定」當然是包含了邏輯性的決定。因此，我們認為裴爾士在界定「直觀」時所說到的決定，應是包含了因果與邏輯兩個層面。至於一認知之受另一認知之決定是何種決定，則可視具體之情形而定。第三，裴爾士提出問題時，是以第三人身來發問的，他的回答也是以第三人身的立場來回答。他不是要求我們以第一人身的立場，透過內省的方法來回答問題，不然的話，他便沒有甚麼理由提出那些視覺機制的例子了。而在這一點上，他跟笛卡兒在《沉思錄》中對讀者所作的要求便大不相同[21]。

通過以上的論證，裴爾士否認我們能夠以直觀的方式直接地判斷一認知是否為直觀。接著他提出第二個問題：「我們是否具有直觀的自我意識？」〔問題二〕此處所說的自我意識，既不是康德式的統覺（ apperception ），也不是對意識主觀狀態的一種純然的感覺，而是指對於我的私有自我（ my private

---

[21] 請參看笛卡兒《沉思錄》中致讀者的序言。見 *CSM* ， vol.2 ， p.8 。

self）之認識，也就是一種自我知識[22]。因此，裴爾士的問題也可以理解為：我們對於自我是否具有直觀式的認識？根據〔問題一〕的回答，我們無法以直觀的方式來回答〔問題二〕，裴爾士從而說：「因此，存在或不存在這種力量（power），將要依於證據而決定[23]。」這句話顯示出〔問題二〕原來是歧義的。因為這裡明顯地是把直觀的自我意識看作是一種力量，裴爾士在另處也稱此為一種「直觀的能力」（intuitive faculty）[24]；另一方面，它又被看作一種知識。無論是力量也好，能力也好，這一歧義其實是源自於裴爾士把自我意識看作是一種自我知識，因為「知識」或「認識」原即有類似的歧義：有時被用來指稱一種能力；有時被用來指稱使用這種能力所獲得的成果[25]。不過，此一歧義對我們要討論的問題並無太大的影響，因為對於裴爾士來說，如果我們對自我的認識可以透過非直觀的能力而獲得解釋，那麼，我們也沒有必要假設有這種直觀的能力存在了，而這正是裴爾士回答〔問題二〕之進路。

　　裴爾士觀察到年齡很小的孩子在具有自我意識（亦即對自我的認識）之前已經具備有許多其他的能力，譬如說從五官而來的感覺、身體各部份的協調能力與語言等等。他提出一個主張，認為自我知識是在小孩意識到無知或錯誤之後才產生的。這裡所說的「無知」，包括了上述那些能力活動受到挫折的情

---

[22] 參看 *W2*：200-201，1868。

[23] *W2*：201，1868。

[24] 同上。

[25] 「直觀」一詞也有有類似的歧義。

形。譬如說一名小孩最初要去移動一個對象的時候，他並不是意識到「我想要去如何如何」，而是意識到那個要被移動的對象。如果他能絲毫沒有困難地移動它，則裴爾士認為假設自我知識之存在是沒有必要的；如果他意外地發現移不動那對象，從而意識到一己之無知，則有必要假設一個自我，使得這無知有所歸屬，於此，便是自我知識的開始。在犯錯誤的情形也與此相類，當小孩所犯的錯誤出現的時候，惟有假設一個會犯錯的自我，才可以使得錯誤的出現有所解釋。裴爾士認為這裡關於自我的假設是小孩自己提出來的，因為他已經有足夠的理解能力與推論能力，使得他們可以從一己之無知與錯誤，推論出一己之存在[26]，因此，小孩對自我的認識是透過推論而獲得的，而不是透過心靈的一種直觀力能力。裴爾士承認這裡對自我意識（自我知識）之產生所提出的解釋只是假設性的，我們仍不知道小孩是否真實地從事上述的推論。不過他卻宣稱：作這樣的假設，比假設一種心靈的直觀能力來得可取，因為前者至少是受到一些事實的支持。這些事實包含了上面所談的：在認識自我之前，小孩早已具備理解語言、感覺等能力。所以裴爾士認為他的論證有一優點，他是以一些我們已經知道的能力來作為證據，用以解釋自我知識的產生，而不必假設一種我們並不知道的直觀能力。

---

[26] 參看 *W2*：201-203，1868。這裡所說的「推論」是怎樣的一種過程，裴爾士並沒有作進一步的說明。我們認為如果裴爾士所言屬實，則這推論應該包括了逆推（abduction）——提出假設以解釋某些事實。

在提供了自己對自我意識之解釋之後，裴爾士討論了一個主張「有直觀的自我意識存在」的論證。這個論證（ Q ）是如此的：（ Q1 ）我們對自己的存在比任何其他事實都來得確定；（ Q2 ）一個前提不能決定比其自身更為確定的結論，因此，（ Q3 ）我們的存在不能從任何其他的事實推論而來。裴爾士承認（ Q1 ）為真，但卻反對（ Q2 ）。他舉一個歸納性質的強論證來作反例，這論證的結論之確定性，比它眾多個前提中的任何一個前提之確定性都來得強。類似地，支持自我存在的事實甚多，或許這些事實中沒有一個是具有比「自我存在」更為強烈的確定性，可是這並不足以排除「自我存在」之認識是從這種種的事實推論而來的[27]。

裴爾士更進一步探索第三個問題：我們是否具有直觀能力來分別各種不同認知之主觀要素（ subjective elements ）？〔問題三〕當認知主體在認識某物時，主體會具有某種行動（或行動的傾向）或是某種感受，這些行動（傾向）或感受便是認知之主觀要素，它的不同使得認知成為不同種類的認知，其為不同正是因為兩者之主觀要素有異的緣故[28]。現在裴爾士的問題

---

[27] 雖然裴爾士只提到歸納性質的例子，但是我們也可以找到一個演繹上的有效論證來作例子。譬如說：有雪人存在，故雪人是動物或者雪人不是動物。在此論證當中，我們可以說結論之確定性比前提之確定來得強，因此它是前提（ Q2 ）之反例。

[28] 舉例來說，當我們懷疑的時候，我們心中會有一種不安的感覺，這是在我們處於相信的狀態時所沒有的；而且兩者對同一對象的行動傾向也有所不同。

是：我們對於這些主觀要素之分辨，到底需不需要一種直觀的能力、抑或是透過推論即可達成？然而，裴爾士卻沒有給予我們一個普遍的論證，而僅僅是探討此中的一些個例，包括了想像（或作夢）與實際經驗之區別；或是相信與設想之區別[29]。從這些例子當中，他指出這些區別都是依於推理而得的——雖然兩個例子中的推論是不同的。於此，我們不想進一步討論裴爾士的這些個例，我們要轉到一個比較普遍的問題：到底我們是否有任何內省（ introspection ）的能力、抑或是我們對內在世界的全部知識都是從對外在事實之觀察而推導出來的？〔問題四〕可以預料的，裴爾士對這第四個問題的前半部之回答也是否定的。在處理這問題的時候，裴爾士是預設了一點：有些事實是被人看作是外在的事實，有些則是被視爲內在的事實[30]，而他所說的「內省」，是指「一種對內在世界的直接知覺」。裴爾士否定內省，並不是否定我們對內在世界有所知覺，而是否定這種知覺之直接性，亦即不必依賴於任何的前提，便可以對內在世界有所知覺。裴爾士的論證進路跟他在回答〔問題二〕時是相同的。如果有一些事實是我們必須假設有內省能力（亦即對內在世界之直接知覺）才可以解釋的話，那麼，我們便不得不肯定這種能力的存在；可是如果我們能以別的方式（裴爾士認

---

[29] 從這兩個例子當中，我們可以看到裴爾士似乎把作夢或設想都看作是一種認知，這當然跟我們一般使用「認知」一詞之意義不同。在我們看來，這兩個例子其實是關於如何分辨不同的命題心態（ propositional attitudes ）的問題。

[30] 此一預設並不意味著外在世界便是實在。參看 *W2* ： 205 ， 1868 。

爲是「對外在事實之觀察」）來解釋這些事實，那麼我們便可以不必接受這種直接知覺的存在。

裴爾士把我們對內在世界之知覺分爲三大類：屬於感覺的、情緒的與意志的。關於感覺，裴爾士是以我們對紅色的感覺爲例。一般而言，我們會認爲這感覺是屬於內在世界的，而且我們可以對它有直接的知覺，從而對心靈這內在世界有所認識；但是裴爾士卻主張：我們之所以認識心靈之有此感覺，不是從直接的知覺而來的，而是從「紅乃是某外在物之紅」推論而來的[31]。此一主張頗令人困惑，因爲裴爾士之原意是要證明：我們「對紅的感覺」之認識不是來自直接的知覺，而是來自對外在事實之觀察。然而，「紅乃是某外在物之紅」最多只能意味著對紅的感覺是從對外物的觀察而來；但即使是如，也不表示對這感覺本身之認識也是來自對外物的觀察。裴爾士似乎是混淆了「對紅的感覺」與「對紅的感覺之知覺」。類似地，關於情緒方面，裴爾士也似乎有如此的混淆[32]。在談到憤怒的情緒的時候，他認爲憤怒也是由於外在對象的某些特性而使然的。然而，且不論這種對憤怒之生起是否解釋得當，更不論是否有

---

[31] 裴爾士的原話是說我們對心靈之認識事實上是一個推論，由「紅性（ redness ）作爲某外事物之一個述詞」推論而來的（ *W2* ： 206， 1868 ）。我們認爲談到「紅性」則會涉及裴爾士關於實在論與唯名論的看法，爲免引生不必要的討論，故在無損於裴爾士論證之要旨之下，將其表述方式稍爲變動。

[32] 即使是對裴爾士之文本作比較深入詮釋的學者，似乎也沒有注意到此一混淆。參看 Prendergast （ 1977 ） pp.296-298 。

另外一種情緒，它的生起是與外在對象無任何關聯的，即使我們接受裴爾士的說法，認為憤怒是由於外物的某些特性使然，這也只能表示憤怒的生起與外在世界有關，但是卻不表示我們對這憤怒本身的知覺或認識，必須也是從對外在世界觀察而來。對外物憤怒是一回事，對這憤怒之知覺又是另一回事，兩者不可混淆。因此，我們認為裴爾士在這裡並沒有成功地證成了「我們對內在世界的全部知識都是對外在事實之觀察推導而來」這樣的斷言。然而，我們是否就有必要假設內省能力的存在？亦即，我們是否必須假設我們對內在世界之知覺是直接的、不需任何中介、或不受任何前提所決定的呢？這卻不必然，因為從裴爾士對〔問題一〕與〔問題二〕的回答看來，即使像感覺、憤怒或意志等一般說來屬於內在世界的事物，我們要對它們產生知覺，也是需要有種種先決的生理、語言或認知條件[33]。因此，我們對內在世界的知覺，並不是直接的。如果以上對裴爾士闡釋是可以成立的話，那麼我們可以說：他在否定我們具有內省能力時所給與的論證是建立在一種混淆之上，因而論證是不成功的；可是從他對別的問題之回答當中，我們發現他可以有別的論據來反對內省能力的存在。

　　裴爾士在否定了「我們對內在世界有直接知覺」之假設

---

[33] 值得注意的是：這些條件全都是屬於我們對外在世界觀察的對象，如果這些條件是我們認識內在世界的基礎，那麼，站在第三人身的立場，我們似乎也可以說：我們對人們內在世界的知識是依於對外在世界觀察而來的，但即使如此，裴爾士的處理〔問題四〕後半部的論證依然是不成立的。

後，乃轉而提出「我們能否沒有符號而思想」的問題〔問題五〕。他對這問題的回答是奠基於這樣一個核心的論證（T）：（T1）只有當思想是「在符號中的思想（thought in signs）」時，思想才能被外在的事實所證明；（T2）若思想不能被外在的事實所證明，則思想不能被認知；因此，（T3）只有當思想是「在符號中的思想」時，思想才能被認知。然而，（T4）如果思想不能被認知，則思想不存在；所以，（T5）若思想是存在的，則它便是「在符號中的思想」。裴爾士當然是肯定：（T6）思想是存在的；故他下結論說：（T7）一切的思想都必然是在符號中[34]。

如果裴爾士的結論是：（T7-1）「一切的思想都是在符號中」，則我們認為他的推論是有效的[35]。（T7）與（T7-1）的分別在於模態語詞「必然」之有無。到底裴爾士在這裡是如何來使用這個模態詞的呢？這有兩種可能：第一種或許可稱之為 de dicto 的用法，依此，則裴爾士的意思是說：語句（T5）與（T6）邏輯地蘊涵（T7-1）。採取這種理解方式，則裴爾士

---

[34] 參看 *W2*：201-203，1868。我們這裡是對裴爾士的論證作重新的敘述。

[35] 於此，我們不區分「一切的思想都是符號中」與「思想是『在符號中的思想』」。我們假定了：對於裴爾士來說，這兩句是同義的。從今日看來，兩個語句至少有一處差異，此即前者含有量詞而後者沒有。不過對於早期的裴爾士來說，他還沒有當代意義下的量詞觀念，至少在這時期，他有時甚至把全稱句與條件句視為相同的語句。

的論證是有效的，可是問題卻在於它跟文本似乎不盡相合[36]。第二種或許可稱之爲 de re 的用法。依此，則裴爾士的結論是說：思想之爲物，必然是在符號之中。採取這種理解方式似乎較合文意，可是論證卻是無效的。然而，如果裴爾士相信（T7），則他應當也會相信（T7-1）；而且，他也應當接受：經（T1）至（T6）到結論（T7-1）之推論是有效的。不過，推論之有效性並不能保證其前提爲真，而要仔細地檢視這推論的前提，則必須涉及裴爾士的符號學理論，這卻遠超出本文的範圍；因此，我們並不打算在這裡逐一檢視裴爾士的前提，而只試圖去稍爲釐清此中所用到的一個詞彙「在符號中的思想」，因爲它跟我們此處討論的問題關係密切。

「Thought in signs」是裴爾士不時會用到的字眼，這是一個不太好翻譯的詞彙，它一方面包含了「思想總是在符號的關係當中」的意義；一方面又有「我們以符號來思想」的意義。所謂「在符號中的思想」，即包括有這兩層意義，但以第一層的意義更爲基本。若只從第二層意義來看，人們可能會認爲符

---

[36] 一般來說，若「A／∴ B」爲有效論證，我們便可以說若 A 爲真則 B 不可能爲假，亦即 B 必然爲真。但這裡的「必然」不是形容 B，亦即不表示 B 本身爲必然的語句，否則我們會得出「凡前提爲真的有效論證之結論皆爲必然語句」這樣錯誤的結果。回到裴爾士的原文，他的結論是「All thought, therefore, must necessarily be in signs」（W2：207，1868）這裡他用了兩個模態詞，因此，我們有理由猜測他心目中的結論是（T7-1），而不是（T7），除非他連用兩個模態詞只是爲了加重語氣之故。

號只是思想之工具，但裴爾士的主張卻進一步認為思想本身即是符號[37]，而且就其作為符號而言，它總是會跟其他的符號發生關聯的，而關聯的方式則依於不同性質之符號而有不同。就本文之目的而言，我們只需了解到：依裴爾士，思想是被視為一符號，而且它跟其他符號的關係是這樣的：一方面它決定了一些其他的符號，另一方面如此的決定卻又是相對於第三者（也是符號）而言的。在裴爾士看來，凡是符號，都是在這種三元的關係之中。一個比較明顯的例子是符號之指涉：一個符號 S 指涉一對象，是相對於一心靈 M 而言的。裴爾士並不主張一個符號本性上就會指涉到對象去。另外一個例子是推論：我們從 A 推論到 B ，是要相對於某規則而言；不管它是否正確，如果沒有這規則，則我們便不能說 B 是從 A 推論而來的。從這些例子我們可以看出這裡所謂的「符號」是包含了許多一般會被視為異質的事物，如語言、對象（世界）與心靈，而透過此三者所構成的符號學三角關係，裴爾士卻把知識論、語言哲學與形而上學縮結在一起[38]。

現在讓我們回到〔問題五〕。經過上面對於「在符號中的思想」一詞稍作釐清之後，我們不難看出兩點：第一，如果像

---

[37] 就思想就是符號而言，有時裴爾士也以「 thought-sign 」一詞表述之。如 *W2* ： 223-225 ， 1868 或 *W2* ： 447 n3 ， 1871 。

[38] 除了語言之外，裴爾士之所以把對象（世界）與心靈也看作符號，是因為他認為後二者也是在一個不斷的詮釋過程之中。不過這裡符號學三角與當代一般語言哲學所談到的說話者、語言與世界之關係頗有相似之處。請參看 Simon Blackburn （ 1984 ） p.3 。

裴爾士所論證那樣，一切的思想都是在符號當中，則脫離符號或符號不存在，我們便無法思想。這正是他對〔問題五〕的否定答案。第二，若思想總是在一個符號關係網絡當中，則不論此處所說的「關係」是怎樣的一種關係，思想總是不能離開這網絡而存在，換言之，孤立的思想是不存在的。

然而，即使經過上面的釐清，我們仍然不能理解何以裴爾士斷言前提（T4），因為它斷言：思想若存在，則它能被認知；而一般的看法是：存在的東西不一定能被認知。但細審裴爾士之意，他其實是反對有所謂「絕對不能被認知之物」的存在。故存在者總是有可能被認知的。這一點便涉及到以下所提出的問題：一個符號，如果照其定義就是某絕對不可被認知之物的符號，則它是否有意義？〔問題六〕裴爾士的答案是否定的，換言之，「絕對不可知之物」是一個無意義的符號（概念）。他的論證是：我們在對經驗作判斷時會發生一些認知，而我們所有的概念，都是透過對這些認知進行抽象與組合得到的。但是絕對不可知之物並不發生在經驗之中，因此「絕對不可知之物」的概念並不存在[39]。我們認為這並不是一個令人信服的論證。不發生在經驗中之物甚多（如虛構的對象——譬如飛馬），可是我們卻有這類東西的概念。也許有人會替裴爾士辯護說：「飛馬」可分析為「飛」與「馬」兩個根源於經驗中的概念；只要虛構對象之各組成部份是可以追溯到經驗上去，則虛構對象之概念亦可存在，如傳統經驗論者所主張那樣。在這樣的辯護之下，「絕對不可知之物」便應看作是一個複合的概

---

[39] 參看 *W2*：208，1868。

念。我們暫且不考慮「絕對」這個副詞，至少「不可知之物」可被看作是由「不」與「可知之物」組合而成的，然而，此一辯護的問題在於裴爾士並不把「不可知之物」看作是由兩個概念組成的複合概念，因為他認為「不」（ not ）根本不是一個概念，而是一個要跟別的具獨立意義的字詞相結合才有意義的字詞（此即所謂「 syncategorematic term 」）[40]，因此，裴爾士並不會接受上述的辯護[41]，從而他的論證依然是無法令人信服的。

　　上述論證的前提是關於概念的發生。我們認為「絕對不可認知之物」是一個可經抽象組合而產生的概念，裴爾士要證明它的不存在是枉然的，因為它事實上已經存在。但是即使我們確是擁有這樣的概念，裴爾士仍可主張這概念是沒有意義的。他的論據是：概念總是可知物之概念，因此「不可知物」這概念是自我矛盾的，因為它意味著可知物是不可知的。且不論甚麼是一自我矛盾的概念，這論據卻不無丐辭之嫌，畢竟概念是否總是可知物之概念，正是我們要討論的問題。雖然裴爾士在對〔問題六〕的回答上並不是令人信服的，但是從他的否定答案當中，我們卻可以看到一種類似於檢證主義者的態度：「絕

---

[40] 關於「 syncategorematic term 」，我們此處是採取一種語意的解釋，此詞亦有別的意義，請參看 Audi （ 1996 ） p.783 「 syncategoremata 」一條。至於裴爾士對「不」（ not ）的看法，請參看 *W2*：175， 1868 或 *W2*：208， 1868 。

[41] 裴爾士此處的理由也相當薄弱，因為即使「不」不是一概念，但只要它跟「可知之物」相結合而組成一個有完整意義的概念，則「不可知物」本身也就是一個有完整意義的概念。

對不可知之物」是一個沒有意義的概念。因此，如果說有一個東西是存在的卻絕對不可被知，這對裴爾士而言，是沒有意義的。裴爾士說：「簡言之，『可認知性』（cognizability）在其最廣的意義上，與『存有』（being）不僅僅是形而上學是相同的，而且也是意義相同的字詞[42]。」就這一點而言，它與前述論證之前提（T4）是遙相呼應的。

現在讓我們來看裴爾士最後一個問題：「是否有任何認知，它是不受一個先前認知所決定的[43]？」〔問題七〕這也就是問：有沒有直觀存在？裴爾士聲稱就我們所知，並沒有甚麼力量可以使一個直觀被我們認識到，理由是：直觀只能發生在認知開始時的最初的一刹那間，因此對直觀之理解（apprehension）必須是不在時間之中[44]。這裡隱含的結果是我們對直觀是無法理解的，從而我們無法認知到直觀，而依據「存有與可認知性為同義」的原則，直觀便是不存在的。然而，裴爾士卻沒有說明何以對直觀之理解必須是不佔有時間的。或許一個可能的解釋是：直觀是刹那的，當我們要對它作理解或認知的時候，它即成為過去；但是與直觀同時的刹那中，我們卻無法有任何的理解[45]。因此，如果我們對直觀有所理解，則它也不能落在時間當中。這種說法自是相當於否定了我

---

[42] *W2*：208，1868。

[43] *W2*：209，1868。

[44] 同上。

[45] 裴爾士認為「思想是不能發生在一刹那的」（*W2*：206，1868）。

們可以理解直觀之可能性。可是，讓人有點困惑的是：何以此處裴爾要把直觀看作是只發生在認知開始的一刹那？我們當然可以從「它是不受先前認知所決定的」這一點來看，由此而把它看作是最先的認知。且不論這裡「最先的認知」是指一個認知系列中的最先的認知、抑或是一個認知主體一輩子所擁有的全部知識之最先的認知，我們不解的是為何它是刹那的，因為依照「直觀」一詞原來的定義，我們看不出為何不受先前認知所決定的認知便必須是刹那的；不僅如此，如果直觀是刹那的，那麼它也就是直接當下呈現的，而這種意義下的直觀，裴爾士卻不反對，因為他認為：任何一個認知，就其作為一種當下呈現的東西而言，可以被看作是直觀[46]。如果刹那的認知也是當下的呈現的，則反對這種刹那的直觀，裴爾士無疑是把自己推入一個自相矛盾的境地。其次，如果就像我們所嘗試解釋的那樣，最先的認知是不能被理解或認知的，那麼，依照同樣的理由，下一刹那的認知也應當不能被理解或認知。如此一來，則任何的認知都都不能被理解或認知，我想這是裴爾士不能接受的結論。總的來說，上述從刹那的認知來論證直觀之不存在，我們認為是不成功的。

從以上詳略不一的論述當中，我們可以看到裴爾士在圍繞著「直觀」問題所提出的一些論證並不是完全成功的；但是，他的陳述卻在相當程度上反映了他對知識的看法。我們認為以下幾點是值得注意的：第一，裴爾士是站在第三人身的立場來看待知識問題。根據這立場，我們可以說一個認知主體 S 是具

---

[46] 參看 *W2*：194，1868。

有知識 K ，儘管 S 並不知道自己是具有 K 。就這一點來說，裴爾士可以說是不贊同當代知識論中的雙知論題（ KK Thesis ）[47]。第二，由於是從第三人身來看待認知者 S ，當直觀被視爲一種不受先前的認知所決定的認知時，這裡所謂的「先前認知」，並不需要是 S 自覺到的知識。第三，裴爾士反對直觀存在之論證是失敗的。就直觀之作爲當下呈現的認知而言，他的態度有點反覆。一方面他承認這種意義下的直觀是存在的；另一方面他又認爲這種直觀是不可知的，從而是不存在的[48]。就直觀之作爲不受先前認知所決定的認知而言，裴爾士也沒有很好的論證來加以支持。但是，他若反對這種意義下的直觀，則意味著他主張認知都是受先前的認知所決定的，這會帶來一個無窮後退的難題[49]。這個難題部份地在他後來的批判常識論當中得到回應[50]。第四，裴爾士雖然未能成功地否定直觀之存在，但卻

---

[47] 「雙知論題」是一種主張，認爲如果一認知者 S 知道 P ，則 S 知道 S 知道 P 。

[48] 這裡的反覆牽涉到裴爾士對「個體」（ individual ）概念之看法，更長遠來看也跟他後來範疇理論中第二性「 secondness 」之特性有關，不過我們在這裡無法對這兩個課題加以討論。

[49] 裴爾士曾試圖以芝諾（ Zeno ）詭論來解決「我們是否必須有一個最初的認知」的問題，但是我們認爲這論證基本上是一個類比論證，而且有些類比之處頗爲含糊，他的解決不僅並不成功，反而帶來更多有待釐清的問題。請參看 *W2* ： 210-211 ， 1868 。

[50] 我們這裡說「部份地」因爲如果一認知是因果地被先前的認知所決定，則無窮後退便成因果系列的無窮後退，這便不是批判常識論所

有力地論證了：我們不具一種直觀的能力來分辨一個認知是否為直觀的。這是一種比全盤否定直觀之存在來得弱的說法，它不必排斥直觀，只要我們是以非直觀的方式來肯定直觀之存在，便是可以接受的。

我們說過，裴爾士對「直觀」的論述，其矛頭是指向笛卡兒主義，現在讓我們以笛卡兒作為笛卡兒主義之代表人物，來看此論述與笛卡兒之學說是如何相關聯起來。本文開始的時候曾陳述裴爾士對笛卡兒主義要旨之簡述，如果我們以此與笛卡兒之學說作比較，將會發現要旨中的（四），至少對笛卡兒來說，並不是正確的描述。我們不知道，在裴爾士看來，到底有那一些事實是笛卡兒不予以解釋的。就算依笛卡兒而言，物質世界之存在及其種種性相都必須靠上帝來保證，並不表示他對世界便絲毫沒有解釋。事實正相反，笛卡兒與笛卡兒主義者都確曾對世界或一切被創造之物提出過一些解釋。（它的成功或失敗是另一回事。）

其次關於（三），裴爾士沒有解釋「單線的推論」是甚麼意思。我們猜測他是指演繹推論而言。對於笛卡兒來說，演繹推論是一種必然的推論，它把某一命題從另外一些已確定地被認知的命題推導出來[51]。透過這種方式獲得知識雖然不是自明的，但在一定條件之下，還是可產生確定的知識[52]。為此，演繹

關心的問題。

[51] *CSM*，vol.1，p.15。

[52] 這些條件包括了：推論是連續而沒有中斷的；每一步驟所涉及的命題都是清晰地被直觀到的；我們的記憶是可靠的等等。

推論不僅是要求其前提是已經被認識的，而且還要求這認識必須是具有確定性的。如果單線的推論就是笛卡兒所理解的演繹推論，那麼，這種推論恰恰好就是裴爾士所反對的，因為它要求前提必須是具有確定性的知識，而裴爾士認為哲學如同科學那樣，它出發的前提是可以被拿來仔細研究的，不必具有笛卡兒所要求的那種確定性[53]。從另一方面來說，裴爾士認為哲學的推論不一定需要全都是演繹性的，如果個別來看，它們甚至不一定需要是很強的論證，只要這些推論有足夠的數量並且緊密地關聯在一起便可以了，就像一條索纜那樣，索纜是強韌的，但組成索纜的每一根線索卻不一定都是如索纜般強韌的[54]。當然，裴爾士並不是要反對演繹推論，而是反對要求演繹推論之

---

[53] 這裡應該回應前述一個文本的問題。裴爾士在表述笛卡兒主義的時候，認為它的單線推論所依靠的前提是不明顯的（ inconspicuous ）。這樣的表述頗使人困惑，因為笛卡兒式的推論要求前提是確定的，而一般來說，「不明顯」與「確定」之意義相差頗遠。但是裴爾士在批評笛卡兒主義時，主張哲學出發之前提應是可觸知的（ tangible ）（見 *W2* ：213， 1868），而此處他不是用「 conspicuous 」一詞。倘若我們將上述「 inconspicuous 」一詞當作「 intangible 」來理解，則裴爾士之表述便並非不可解。因為終極來說，笛卡兒要求推論之前提是建築在直觀之上，而對於裴爾士來說，直觀可說是我們無法觸知的（ intangible ）。然而，我們仍不敢確定裴爾士用「 inconspicuous 」一詞就是不可觸知的意思。為免強作解人，文本的困惑，只好存之。

[54] 見 *W2* ：213， 1868。

175

前提必須是如笛卡兒所說那樣的具有確定性。這一點與（一）有密切的關係，因為普遍的懷疑，作為一種方法，原是為了尋找確定性，以作為知識之基礎；如果哲學或知識的出發點不是這樣具有確定性的阿基米德點，則普遍的懷疑也就不需要了。裴爾士對（一）之批判與其探究理論有關，對後者的討論，不在本文的範圍，我們只需注意到，無論是（一）或（三），都涉及到對確定性之追尋，而依據（二），確定性的檢驗，是在個體意識當中被發現的，而裴爾士之批判「直觀」這個概念，正是針對此而發的。

　　笛卡兒的方法學的懷疑有一個特點，它是以認知主體之意識作為最終基礎的。在追求真理的過程當中，認知主體是以個體的身份而不是知識社群成員的身份來進行認知活動的，凡是能夠通過方法學上懷疑的，便具有確定性。但這確定性只是相對於從事該方法的個體而言的，亦即裴爾士所說的，是個體意識來確認或檢定這種確定性。可是一旦個體獲得了這種確定性，也就獲得了知識或真理的保證。這裡顯示出笛卡兒是以第一人身的立場來看待知識問題，當認知主體 S 擁有資訊 I 時，S 仍不能算是擁有知識 I，S 必須對 I 有所自覺而且 I 是通過方法學的考驗而被接受的，這才能算是 S 的知識。於此，知識的誕生只跟個體 S 發生關聯，而絲毫不涉及其他的個體。裴爾士對「直觀」展開的論述，便是要批判這種知識論上的個體主義。

　　我們已經看過裴爾士在論述「直觀」時，他是以第三人身的立場來對待知識的，這與上述笛卡兒的第一人身的立場截然不同。在笛卡兒看來，知識的結構像一顆大樹，或者是像一棟大廈，其中的基礎是絲毫不能懷疑的，它具有絕對的確定性，

也是不會有錯的，正因爲它是不會有錯的，所以才能當作其他知識之基礎。裴爾士的知識圖像卻不是這樣，他認爲在科學裡，人們追求的不是笛卡兒所設想的那種確定性。理論的提出一旦得到社群的同意之後，確定性的問題只是一個無用的問題，因爲人們對該理論並不置疑了[55]。如果說知識是爲了追求真理，這真理也不是透過個體意識所確認的絕對確定性，而是社群最終的同意。我們無意要牽涉到裴爾士之真理理論，我們只是想表明，對於裴爾士來說，知識的獲得並不是認知主體個人的事，而必須涉及到一個社群。不僅是在科學知識是如此，即使哲學，也是如此。他說：「只憑個人，我們無法合理地來希望可獲得我們所追求的終極哲學；因此，我們只能爲了哲學家的『社群』而追尋它[56]。」這裡我們也可以看到裴爾士與笛卡兒不同，後者把哲學（形上學）看作是其他學科之基礎。

然而，僅僅提供一個與笛卡兒知識圖像不同的圖像是不夠的，要對笛卡兒或笛卡兒主義提出批評，必須能夠入其室而操戈。我們認爲裴爾士對「直觀」的論述提供了我們一些啓發，因此，在本文的最後，我們嘗試從類似裴爾士的角度，來對笛卡兒的方法學的懷疑，提出一些疑難。裴爾士在回答〔問題一〕時，他的論證策略往往是在指出：一般我們認爲是直觀的東西，其實是預設有前提的，而且這前提不需要是認知主體所

---

[55] 見 *W2*：212，1868。裴爾士這裡說的是「不置疑」不是「不可懷疑」，兩者不可混淆。關於此一分別在後來批判常識論之意義，請參看趙之振（1995）。

[56] *W2*：212，1868。

自覺的。現在讓我們來看，笛卡兒在進行方法的懷疑時，他宣稱要把一切可以懷疑的東西都擱置在一邊，結果他認為感覺知識與數學都無法通過方法學的懷疑的考驗。然而我們要提出兩點是他的方法學懷疑無法放棄的：一是某些邏輯規則，一是語言的理解。我們認為懷疑之所以能夠進行，已經預設了某些邏輯規則。譬如說：凡是曾經欺騙過我們的，都是不可信任的；感官經驗曾經欺騙過我們，故感官經驗不可信任。另一方面，懷疑之所以能夠進行，也是預設了我們語言的能力，譬如說，我們知道「感官經驗」、「懷疑」、「存在」、「思想」等詞的意義。其實類似的疑難在笛卡兒當時便有人提出來了。令人有點意外的是，笛卡兒承認：知道甚麼是思想與存在，乃是確定地知道一個人自己正在思想或存在的必要條件[57]，而且他承認這種知識不是反省性的，而是透過一種內在於所有人類的內在自覺（ internal awareness ）而知道的。對於這樣的回答，也許不是裴爾士或我們所能滿意的，但是這問題的討論將會涉及笛卡兒的語言觀，由於超出本文的範圍，只好留待將來再探討。

趙之振　　清華大學哲學研究所
FAX ：(03)5729337

---

[57] *CMS* ， vol.2 ， p.285 。要注意的是：我們提出的是語言的問題，但笛卡兒之反對者提出的知識的問題。

引用書目

中文部份

趙之振，（ 1995 ）〈裴爾士的批判常識論〉，發表於中央研究院歐美研究所主辦的「第五屆美國文學與思想研討會」，1995 年 10 月。

英文部份

Audi , Robert （ eds. ）（ 1996 ） *The Cambridge Dictionary of Philosophy* , Cambridge ： Cambridge University Press.

Berkeley , George （ 1974 ） *Berkeley's Philosophical Writings* , ed. with an introduction by David M. Armstrong , New York ： Collier Macmillan Publishers.

Blackburn , Simon （ 1984 ） *Spreading the Words ： Groundings in the Philosophy of Language* , Oxford ： Oxford University Press.

Chiu , Chi-Chun （ 1995 ） "The Notion of Truth in Peirce's Earliest System , " *Transactions of the Charles S. Peirce Society* , vol. 31 , pp.394-414.

Descartes , R. （ 1990 ） *The Philosophical Writings of Descartes* , trans. by J. Cottingham , R. Stoothoff and D. Murdoch , vols. 1-2. Cambridge ： Cambridge University Press. 此書簡稱

「 *CMS* 」。

Lehrer , Keith （ 1990 ） *Theory of Knowledge* , Boulder and San Francisco ： Westview Press.

Peirce , Charles S. (1984) *Writings of Charles S. Peirce ： A Chronological Edition* , vol.2 , ed. by M. Fisch , C. Kloesel , E. Moore , *et al.* , Bloomington ： Indiana University Press , 1984。此書簡稱爲「 *W* 」，引文形式爲「 *W*x ： y , z 」，此中 x 爲卷數，y 爲頁數，z 爲引文之年份。

Prendergast , Thomas L. （ 1977 ） "The Structure of the Argument in Peirce's "Question concerning Certain Faculties Claimed for Man" , " *Transactions of the Charles S. Peirce Society* , vol. 13 , pp.288-305.

關鍵詞：

裴爾士　　直觀

中文摘要：

本文之主要目的是在闡釋早期裴爾士圍繞著直觀問題所提出的一些論證，並檢視它們是否能成立。我們認為他提出反對直觀存在之論證是失敗的；但是從他的論證，我們可以看出裴爾士早期知識論的一些特質。

Peirce on Intuition

Key words：

Peirce   Intuition

Abstract：

The purpose of this paper is to critically expose Peirce's arguments against the notion of intuition in his well-known cognition series. After analyzing his arguments in detail , we conclude that Peirce fails to reject the existence of intuition. Finally , some characteristics of his early epistemology are also disclosed.

《台灣哲學研究》第 1 期（1997 年 9 月）：183-216

個人自由與國家權利

——黑格爾對康德人權概念之論述與批評

陳瑤華

一、前言

　　黑格爾的政治哲學最受批評的大概就是他「神聖化」國家之地位[1]、維護封建君主[2]的立場。他在 1821《法哲學綱要》（Grundlinien der Philosophie des Rechts）[3]之前言所提的：『凡合於理性的就是

---

[1] Z.A. Pelczynski：The Hegelian conception of the state，in：Hegel's political philosophy，ed.by Z.A.Pelczynski，Cambridge：1972，pp.13-14.

[2] K. -H Ilting：The structure of Hegel's philosophy of right，in：Hegel's political philosophy，ed.by Z.A.Pelczynski，Cambridge：1972，pp.90-110. 參考 p.106（德文版 Die Struktur der Hegelschen Rechtsphilosophie，收在 Manfred Riedel 編的 Materialien zu Hegels Rechtsphilosophie，Suhrkamp，1974，S.52-80，參考 S. 70）.

[3] G.W.F. Hegel：Grundlinien der Philosophie des Rechts，Suhrkamp：1970. 本文之引文用縮寫 PR，其後為段號。

真實的,而真實的就是合於理性的』[4],所謂的「真實」(Wirklichkeit)
易被誤解爲現實存在的政治現況,而忽略其觀念論立場對存在的理
念性意涵[5],以至於造成黑格爾的政治哲學的保守形像。近年來透過
許多當代學者在詮釋上所作的努力,方法上著重在『檢視觀念本身』
[6],黑格爾的人權、市民社會及國家理論重新得到肯定。政治哲學的
研究在 John Rowls 1971 年的《正義理論》之後重新蓬勃發展,擁
護 Rawls 理論的自由主義與始於反對 Rawls 理論的社群主義壁壘分
明,而被稱爲普遍主義的溝通理論,基於其倫理學立場及程序普遍
論的主張與自由主義的呼應關係[7],也加入與社群主義之論戰。黑格
爾的政治哲學在這樣的背景下,因與各方立場皆有呼應或抵觸之處
而倍受矚目。

　　關於黑格爾政治哲學在現代的重新解釋與應用, Charles
Taylor 提出警告說[8]:雖然黑格爾使我們對自由社會的本性有更進

---

[4] "Was vernuenftig ist ， das ist wirklich; und was wirklich ist ， das ist
vernuenftig."，(PR ， Vorrede).

[5] 在此引言後 Hegel 提及「合理的」與觀念同義,黑格爾藉此宣示思維與
存在不二分的意涵。

[6] Z.A. Pelczynski ： The Hegelian conception of the state ， in ： Hegel's
political philosophy ， ed.by Z.A.Pelczynski ， Cambridge ： 1972 ， p.1.

[7] 參考 Alessandro Ferrara ： Universalisms ： procedual ， contextualist and
prudential ， in ： Universalism vs. communitarianism ， edit by D.
Rasmussen ， MIT Press ： 1990 ， P.13.

[8] 比較 Charles Taylor ： Hegel's ambiguous legacy for modern liberalism ， in ：
G.W.F. Hegel ， ed. by R.Stern ， London ： 1993 ， p.356.

一步的釐清及理解，但他終極的形上學概念：主／客同一的概念
（a conception of subject / object identity）對於自由社會的發展而
言卻是有害的。理由是以主／客同一的概念為基礎而建立的社
會，在嚴格貫徹這種同一性的狀況下，異議與競爭失去其重要的社
會意義。Taylor 基於此點稱黑格爾式的政治社會究極而言是一種
非常壞的型態（a very bad model）。我們暫時先不管 Taylor 之批
評對黑格爾而言是否公平，也暫時先不討論黑格爾式的社會最後是
否一定是 Popper 意義下的「封閉社會」或「一元社會」。在 Taylor
看來，任何取消價值的多元化與不同意見的競爭發展之合法性的理
論是「非常壞的型態」，不符合現代化社會的理念。

但另一方面，Taylor 卻十分肯定黑格爾對於現代自由社會這
個概念的釐清[9]。他認為黑格爾除了和 Tocqueville 一樣，提出自由
社會不可能獨立於歷史與情境的普遍關聯的主張之外，最重要的貢
獻在於揭明社會與人權的內在關聯。「主奴辯證」[10]闡釋了自我意
識與承認（recognition）之間的關係：人格的認定已蘊含著『有義
務以某種特定的方式對待他』[11]，如適當的尊重、言論自由等，而
這種承認勢必牽涉個人所存在的公眾領域。對人之人格領域
（Personhood）之承認說明個人存在之價值空間與與公眾之價值空
間實質上是分不開的。扣緊這一點，Taylor 作成下面的結論：『通
過進入價值領域，我成為一個有人格的人。而這個價值領域在一種

---

[9] 比較同上，pp. 352-3.

[10] 參考 Hegel：Phaenomelologie des Geistes，Suhrkamp：1970，S. 145-155.

[11] 同上，p. 352.

共同的語言中產生的，如果這個價值領域有意取消或貶抑我，我就
不可能充份的作爲一個有人格的人』[12]。Taylor 將人語言化或社會
化的過程視爲人格建立的建構性條件。假設 Taylor 的解釋無誤，則
黑格爾主張人權不能獨立於語言及社會價值領域之外，人權在概念
上已預設共同的語言與價值領域爲其建構性之條件。如此一來，普
遍的人權概念是不可能的，而任何主張普遍的人權概念的理論或任
何獨立於價值領域來談人權的主張都是有誤的。康德的普遍人權主
張，從 Taylor 式的黑格爾看來，就是一種空洞的形式主義。

　　然而，這當中仍有有一些問題及困難尙待澄淸。

　　首先要問的是：黑格爾是否真的主張人權不可能獨立於公共的
價值領域之外？黑格爾的政治哲學有一部份理論背景與洛克、康
德、霍布斯的政治哲學是重疊的，如人基於其作爲人的人格不但有
基本權利，而且有義務承認別人和她（他）一樣有這樣的權利。財
產權亦是如此。方法上，他與霍布斯一樣，從社會生存的必要條件
中抽象出人爲的部份[13]。黑格爾基本上是以接受康德的道德
（ Moralitaet ）觀點作爲他自己理論的出發點[14]，雖然他認爲他的
答案只能在康德的立場之外找到。康德將「合法」（ Legalitaet ）
與「道德」（ Moralitaet ）區分開來對於黑格爾個人「道德」

---

[12] 同上，p. 353.

[13] K.-H Ilting：The structure of Hegel's philosophy of right，in： Hegel's political philosophy ， ed.by Z.A.Pelczynski ， Cambridge ： 1972 ， pp.90-110. 參考 p. 91.

[14] 比較 Joachim Ritter ： Moralitaet und Sittlichkeit，in： Metaphysik und Politik ， Suhrkamp ： 1969 ， S.282.

（ Moralitaet ）與公共的「倫理」（ Sittlichkeit ）之區分有決定性的影響。人作爲權利的承載者（ Traeger ）是他們政治哲學的共同出發點。到底黑格爾如何從共同的出發點發展出不同的結論，是本文第一步要探討的。另外特別要提出的是他對康德的批評，作爲我們理解他人權理論的特色與問題的進路，凸顯他的人權立場，並討論他的批判是否合理。更重要的是，能透過黑格爾與康德在政治哲學上的對話，發現並發展我們心目中哲學的人權理論。

假設 Taylor 的詮釋無誤，黑格爾真的主張普遍的人權概念是理論上不可能，仍有一些基本立場方面的問題必須先作說明。反對普遍概念最明顯，立場也最鮮明的算是相對主義，他們認爲人權不可能是普遍有效的，它的有效性必需相對於不同的文化、社會而定。但是，無論是極端的或是溫和的相對主義皆無法證成這樣的主張[15]。甚至溫和的相對主義必需接受不同的文化典範中，可能有一些根本道德原則有其相似性，只是認知上的不同，而且它們的差異根源於實際自然環境與社會條件，如果詳細考量這些差異的背景，反而可以看出它們之間的共同性。 Taylor 反對普遍的人權概念的理由與此大不相同。這在一篇重構 Habermas 討論語言如何在對話（ Gespraech ）中更新並發展自身來看社會發展的文章內[16]反映出

---

[15] 請參考陳瑤華：〈康德的人權理念〉，《東吳政治學報》，第六期（ 1996 ），74-5 頁。

Fred Feldmann ： Introductory ethics ， Prentice-Hall ： 1978，pp. 160-172.

Louis P. Pojman ： Ethics ， Belmont ： 1990 ， pp.31-37.

[16] 比較 Charles Taylor ： Sprache und Gesellschaft ， in ： Moralitaet und Sittlichkeit ， Hrsg. von W. Kuhlmann ， Suhrkamp ： 1986 ， S. 35-52.

來。如果語言作為一種結構或規則，則語言與語言之使用是兩回事。語言的使用預設了規則，但規則之所以成規則，是不斷在語言使用中更新自身而得的，它們處於一種互動的關係。將這種互動的關係用在社會實踐上可以解釋社群與個人的關係：個人之社會實踐預設了社群的規範，社群就這點而言優先於個人之上。但不能忽略的是[17]，社群規範只能藉個人之社會實踐得到完整的意義，完成其作為社群規範之意涵。其中最值得注意的是：「社群規範」並非已完成、只要伸手即可得的產品。它儲存在背景知識（ Hintergrundwissen ）中，作為我們的『預先理解的視域』（ Horizont unseres … Vorverstaendnisses ） [18]。 Taylor 反對普遍的人權的理由即在於公眾的價值領域與人權的互動關係，也就是說，基於公眾的價值領域在存有論上的優先性，一個形式上或內容上普遍有效的人權概念是不可能的。然而， Taylor 這個理由本身是有問題的，他批評 Habermas 忽略社群規範只能藉個人之社會實踐得到完整的意義，換句話說：公眾的價值領域只能藉人權之實踐得到完整的意義，公眾的價值領域並不全然決定人權之應用， Taylor 顯然也犯同樣的錯誤。公眾的價值領域與人權的互動關係並不足以支持「普遍的人權概念是不可能的」之結論。黑格爾若真的主張普遍的人權概念是理論上不可能，他必須提出充份的理由才行。

在探討並檢討黑格爾的人權與人（ Person ）理論之前，有必要區分下列兩個概念：「生成的原因」（ Entsehungsgrund ）與「有效的理由」（ Geltungsgrund ）。這兩個觀念的混淆會造成論證上

---

[17] 比較同上， p. 37. 諷刺的是 Taylor 認為 Habermas 就是忽略這個層面。
[18] 同上， p. 38

的困擾。這區分不但有助於我們理解康德與黑格爾哲學的差異，更能澄清一些論證內容的混淆。曾編輯並註解黑格爾六冊《 1818-1831 法哲學講義》[19]的 Karl-Heinz Ilting 認為黑格爾對康德的批評受制於未掌握這個區別[20]。其次，本文扣緊權利概念及意志自由之問題，來探討黑格爾有關人與財產的學說，以說明其人權主張。再者是探討黑格爾對康德政治哲學的回應與批評，我們有興趣的是這批評所涉及的立場差異及各自如何證成的問題。最後則是嘗試去尋找發展現代人權理論的一些可能線索。

二、「生成原因」（ Entsehungsgrund ）與「有效理由」（ Geltungsgrund ）之區別

　　康德在《純粹理性之批判》B 版的導論一開始即提到我們所有的知識皆「始於」經驗，但並非皆「根源於」經驗[21]。前者指所有知識形成的過程是由經驗開始的，後者卻指知識成立的理由不是經驗的，因為這理由本身帶有「普遍性」及「必然性」，以符合證成

---

[19] Karl-Heiz Ilting （ Hrsg. und Komm. ） ： Vorlesungen ueber Rechtsphilosophie 1818-1831 ， Stuttgart ： 1973.

[20] 比較 Karl-Heiz Ilting ： Naturrecht und Sittlichkeit ， Stuttgart ： 1983 ， S.27.

[21] 《純粹理性之批判》（ Kritik der reinen Vernunft ，簡稱 KrV ） B1 比較 " alle unsere Erkenntnis mit der Erfahrung anfange … " 與 "… so entspringt sie … nicht eben alle aus der Erfahrung."

其理論的要求，而這種「普遍性」及「必然性」不能夠由經驗中得到證成。康德因而在理論理性之批判中，以超驗統覺（Transzendental Apperzeption）作爲先驗綜合判斷之所以可能的基礎，證成人爲自然立法的理據。在實踐理性之批判中則提出意志之自由作爲道德（Moralitaet）之所以可能的根據，證成人道德上之自律。由此我們已可約略得知康德的哲學立場不在於探討自然法則與道德法則之生成條件，而在於它們之所以有效的理由。

在日常的語言使用中，我們的確可以發現這兩者的區別，特別在針對實踐以「爲甚麼」爲始的問題作回答時，其「因爲」有時可聯結事物的生成條件，有時聯結事物有效的理由。例如小孩問母親：「爲甚麼隔壁的小寶可以出去玩？」母親一方面可以回答：「因爲他把功課作完了。」另一方面亦可以說：「因爲只有作完功課的小孩才能出去玩。」前者回答了其生成條件，後者則是有效理由，證成小寶可以出去玩這件事。若混淆這兩種不同層次的「因爲」，會產生極大的混淆及不必要的誤解。例如某歷史學家經過一番研究而認爲德國人之所以殺害猶太人是因爲當時文化、社會經濟條件。但此歷史學家必須認清他並不是在證成此滅絕人寰的行爲，或使之合理化，而是對其生成條件提出歷史性的解釋，使事情可理解。生成條件的解釋，在掌握現象發展的脈絡，使之可理解。有效理由的解釋則在說明此現象之所以如此的理由何在，必須能證成這件事。

康德認爲哲學不在解釋事物生成的條件，而是致力於事物之所以如此的有效理由。這充份顯示在他對 Hume 的批判及其道德形上學的立場。他認爲 Hume 之所以導向懷疑論與混淆這兩種解釋的層次有關。Hume 是對的：作爲使事物如此發生的生成條件，就其經驗上規則的關聯而言，是不具有必然性，而只有概然性。但這不足

以摧毀一些律則，得以普遍地說明事物之所以成立的根據。這些律則具有普遍性及必然性，而且不是基於經驗之推廣或抽象而得。費希特說：『…哲學說明所有經驗的理由；它的對象因此必然地在所有經驗之外』[22]。最具代表性應是康德的道德形上學。在區分「合於義務」與「出於義務」的行動時，「必然性」是整個區分的關鍵：合於義務的行動，一旦所欲達成的利益或目的不可能時，則其不一定依義務的要求去行動。出於義務的行動則沒有這樣的限制，這種對於義務的無條件之服從，顯示道德的價值與尊嚴。 Schiller 因而譏諷康德的道德價值以人的自然性向或愛好爲祭物來謀取道德的價值，而康德的用意卻不在此。 Patzig 認爲康德最精彩之處在於認清：不是以特定或不確定的目的，而是道德法則本身的純粹普遍性，才是督促我們遵循它們的理由[23]，當我們說：「遵守承諾！」「不要濫殺無辜」等這類語句時，已內涵此因規則本身的普遍性而提出的強制性要求。康德致力於說明道德之所以能成立的根據，用幸福或愛好也許也可以說明道德的生成理由，卻無法證成道德的必然性要求。

康德這種作法在證成人權方面極具意義。康德不去探討人權的生成條件，而致力於人權之所以成立的根據。康德看出當我們說某人也是「人」的時候，所帶有的價值意義，作爲「人」已包含其自身有其自在的目的，因而不能單單作爲工具來看待。「自主性」

---

[22] J.G. Fichte ： Versuch einer neuen Darstellung der Wissenschaftslehre，Hamburg ： 1984 ， S. 7

[23] G. Patizig ：〈當前倫理學討論中的定言令式〉，收在：《康德道德底形上學之基礎》，李明輝譯，聯經，台北： 1990 ， 101 頁。

（Autonomie）是人權的依據，也說明了人之尊嚴的神聖與不可侵犯。由此衍生而出的是一種普遍的理性權利，在貫徹『意欲的之自由與其他意欲的自由能依一個能否依一個普遍法則能共同成立』（KW,VI, 230）。康德的立場至少有兩點重要意義：1.證成人權作為由自然狀態進入法治國家狀態的過渡基礎。 2.一方面應用自主性原則不去干預合理自主權的決定，無論這個自主的要求是來自於個人、團體或種族的。另一方面亦可應用人權的普遍原則為理據，去譴責違反人權之事實。

基於以上之釐清，康德哲學備受批評的兩點：反歷史（a-history）及形式主義，是出於對康德哲學的誤解。康德不探討事物的生成條件並不足以說明其哲學反歷史之傾向，這點與我們反駁 Schiller 的批評一樣，說道德之所以可能的根據在於意志之自我立法並不構成反對愛好或反對人之本能。形式主義之批評認為普遍的人權概念不能導生出具體權利與義務的分配，只能消極地作為形式上的判準[24]。但這批評並不足以摧毀康德普遍的人權概念，也未能直接推翻他的論說。而我們在使用人權概念時，是否真的有清楚的、實質上的判準，用來界分何種使用為有效，何者為無效，仍是一個極待探討的問題。若我們使用人權概念事實上僅有形式上之判準，則所謂的「形式主義」也只是陳述我們與語言使用中的人權概念而已。以上之說明僅在澄清一般對康德哲學的誤解。

值得注意的是，一些理論，如倫理上的相對主義或社群主義，它們以不同的文化價值或傳統價值為出發點，主張普遍的道德規範

---

[24] 請參考陳瑤華：〈康德的人權理念〉，《東吳政治學報》，第六期， 85-6 頁。

是不可能的或社群價值先於個人價值，他們的焦點是放在道德規範或個人價值的生成的原因上，但同時，他們本身作為「解釋經驗事況之所以可能的理由」之理論（Theorie），免不了有普遍有效之要求。因此有下列情況出現：若倫理的相對主義為真，倫理的絕對主義亦為真。而且這個絕對判準是：絕對的的道德規範不可能，一切價值是相對的。社群主義之主張也會有同樣的問題：一旦其理論為真，其有效性僅限於北美社群。它們的問題皆在於忽略理論本身的普遍性、必然性之要求，這種要求是理論本身會有的。真正的關鍵在於：無論是相對主義或社群主義皆忽略人獨立反省及判斷的能力。Wolfgang Kersting 在討論到自由主義與社群主義之區別時，提出了十分扼要的說明：

> 人們從先行既有的判斷角度、價值取向及團體標準開始進入自我理解的內容。然而，我們擁有能力，……不但能檢討傳統背景的集體信念，也能檢討我們自己對一個有意義的生命（gelingenden Leben）之想法，基於新的經驗對它們重新評價，藉著新的論證之認知修正它們[25]。

相對主義或社群主在說明既有的傳統價值是我們自我理解的出發點，我們在與傳統對談、互動中找到並建立自己生命與生活的方向。但這並不代表我們沒有 Kersting 所陳述的那種能力。相反地，相對主義或社群主義之提出正證實這種能力。

---

[25] Wolfgang Kersting：Wohlgeordnete Freiheit，Suhrkamp：1993，S.54.

三、人權：人與財產

　　《法哲學綱要》主要在顯示自由意志觀念實現的辯證發展過程
[26]，根據黑格爾的區分，其發展過程可分為下面不同的階段：抽象
或形式的權利、個人道德（ Moralitaet ）與公共倫理（ Sittlichkeit ）
（ PR, §1, §33 ）。公共倫理的辯證發展過程是由家庭、市民社會到
國家作為自由意志觀念實現的最高階段。對黑格爾而言，這個階段
性的區分不是『既有材料的外在分類』（ PR, §33 ），而是『概念
本身的內在區別』（ PR, §33 ）。『自由的觀念在每一發展的階段
有其獨有的權利，因為它是處於某一個自由確定其自身的自由之存
在（ Dasein der Feiheit ）。如果說到「權利」與「個人道德」、「公
共倫理」之對立，則權利只理解為抽象人格（ Persoenlichkeit ）之
初步形式的權利。個人道德、公共倫理、國家利益各自有其獨有的
權利，因為每一型態是自由之確定和存在。』（ PR, §30 ）

　　看起來，抽象或形式的權利作為最初的階段似只有貶抑之意，
但事實並非如此。黑格爾補充說：『觀念必須繼續在自身中確定自
己，因為它開始時先是抽象的概念。這個為始的抽象概念絕不會被
放棄，它不斷豐富自身，而最終確定的因此是最豐富的。』（ PR,

---

[26] 根據 Ilting 的看法，黑格爾《法哲學綱要》的目標不在由理性權利
（ Vernunftrecht ）作為系統導生出規範的原理或原則，而是顯示出權利
的運作成為人類自由之實現。請參考 K. H. Ilting ： Die Struktur der
Hegelschen Rechtsphilosophie ， in ： Materialien zu Hegels
Rechtsphilosophie，Hrsg. von Manfred Riedel，Suhrkamp ： 1974，S.53.

§32Z）抽象或形式的權利：人及財產的權利與最終的國家權利，是部份與整體（ Totalitaet ）的關係，整體作爲一有機體，不能當作是來自部份的總和，換句話說，國家不能單單是很多個人意欲自由之聯合，否則國家會缺乏其應有的必要性（ PR, §75 ）。而整體不能放棄其部份，也就是說，國家必須讓個人特殊的興趣得以『完全的發展（ vollstaendige Entwicklung ），並且承認他們的權利（ Anerkennung ihres Rechts ）』（ PR, §260 ）。對黑格爾而言，部份與整體的關係就如同橡樹的種子與橡樹[27]或胚胎與人一般，整體是部份的完全開展。要探討其黑格爾的人權思想，離不開這整體與部份的辯證關係。

黑格爾認爲『成爲人』（ Person zu sein ）（ PR,§35Z ）是人的最高表現，這與人作爲人之「人格」（ Persoenlichkeit ）概念本身有關，「人格」已蘊涵「有能力承擔權利」或「行使權利」（ PR, §36 ）。當我們強調「女人也是人」或「奴隸也是人」時，我們並非只說明她作爲人的物理狀態，而是要求她作爲人的基本權利應受到鄭重的承認與公開的尊重。與康德一樣，黑格爾肯定「人格」是權利概念的基礎，而且本身即包含「平等」的普遍概念，也就是說：只要是人，她或他皆應被視爲是有能力承擔權利或行使權利的主體。類似於康德的「普遍的權利法則」（ Das allgemeine Rechtsgesetz ）[28]，黑格爾提出「權利命令」：『要成爲人，並且尊

---

[27] 請參考 Hegel ： Phaenomenologie des Geistes ， 之前言 Suhrkamp ： 1970， S. 19 ：『當我們盼望看見一棵身幹粗壯、枝葉茂密的橡樹，而所見到的只是橡子時，我們不會滿意的』。

[28] 『…你意欲之自由之應用與每一個人的自由依一普遍的法則而能共同成

重其他人作爲人』（ PR,§36 ）。對於羅馬法所涵概的奴隸權及兒
童買賣權（ PR,§40A, 43A, 57 ），黑格爾極力批評，認爲這違反權
利的根本精神。奴隸權及兒童買賣權皆與人作爲人的人格概念相衝
突：宰制奴隸是將人單單當作自然物（ Naturwesen ）來看待，但
人不單單是自然物，『人的...本質是在他的自我意識把握自身作爲
自由的存有』（ PR,§57 ）。兒童買賣權是將兒童當作父親所佔有
的『物』（ Sachen ）（ PR,§43A ），人的地位被貶抑爲物。黑格
爾極力駁斥這兩種權利，認爲父母將自己的孩子當作財產、宰制奴
隸及壓迫其他種族絕對是不合法理（ Unrechte ），而且這之所以不
合法理，不只是正義或公平與否的問題，也不是這會帶來不好的後
果，基於人作爲人之人格，買賣、宰制及壓迫人本身就是錯誤的關
鍵。（ PR,§57Z ）

　　黑格爾顯然有意對人權歷史發展實際上存在的問題提出他的
看法。如果我們回顧人權的歷史[29]，就會發現到黑格爾的時代，人
權只對特定的性別、地位及種族有效，甚至在美國 1776 年 7 月 4
日的費城宣言所宣稱的：「所有人生而平等」實際上指的只有歐裔
的白人，非裔的、亞裔的有色人種只是奴隸。黑格爾對此提出斬釘
截鐵的批評:『人被視爲人，是因爲他是人，不是因爲他是猶太人，
天主教徒，基督教徒，德國人，義大利人等等』（ PR,§209 ）。用
今天的話說：人被視爲人，是因爲他是人，不是因爲他是男人，女
人，異性戀者，同性戀者，原住民等等。同時，黑格爾認爲任何政

立』。（ KW ， VI ， 231 ）

[29] M.F.Perutz ： By what right do we invoke human right ， in ： Proceedings
of the American Philosophical Society 1402 （ 1996 ）， pp. 138-147.

權皆不能違反人權之自由，因爲一旦有違人權自由，其實際的政權就失去權利基礎[30]。有此看來，黑格爾不但同意康德在《道德的形上學》中的人權立場，肯定人權可以成立的理由在於人之人格，同時也同意康德人權作爲基本法的主張，並且運用這種主張來說明實際政權的合法性在於人權的基礎上，任何形式的宰制、壓迫及剝削皆是不合法的。

但另一方面，黑格爾認爲從整體的角度來看，人格只是抽象的權利之基礎。它就如同橡樹的種子般，對期待看到枝幹茂密之橡樹的黑格爾而言，是不能滿意的。抽象權利中「人」其實是是抽象的意志或爲己存在的意志（ das fuer sich seiende Wille ）（ PR,§35Z ），是將他的人格從個人的性向、癖好、需求、興趣、目的與利益抽象出來（ PR,§37 ），相對在社會及國家關係領域（ Kontext ）中真正行動的個人[31]，其抽象的權利僅僅是一個可能性（ Moeglichkeit ），而非實在性（ Wirklichkeit ）。因此對於《法哲學綱要》主要目標：呈現自由意志觀念實現的發展過程，這只是一個始點，而另一個屬於這始點的抽象權利是財產權。

黑格爾認爲人自由之實現與擁有支配『沒有自由的、不是人格的、無法擁有權利的』「物」（ PR,§42 ）的權利是分不開的。這可從下面幾方面來討論：首先，「物」的概念是透過與「人」有「直接的差異的」（ unmittelbar Verschiedene ）；也就是說，沒有自由

---

[30] 比較 Joachim Ritter：Person und Eigentum，in：Metaphysik und Politik，Suhrkamp ： 1969 ， S263-4।

[31] 參考 Peter G. Stillman ： Hegel's critique of liberal theories of right ，in：G. W.F. Hegel，ed.by R. Stern，London & New York ： 1993 ，pp. 313-4.

及權利的而得的，概念上，這無權要求自主的物，就必須服膺於有
自由及擁有權利者之支配。其次，物對人而言基本上是外在的
（ Aeusserliche ueberhaupt ），自己不能訂定自身目的的，因而必
須必須服從於擁有自由及權利者所訂定的目的。再者，所有的人皆
不屬於物的領域，我們必須將他們理解爲擁有支配物之自由與權利
者[32]。那麼我們可以得到的結論是：人只能透過擁有對外在事物的
支配權利來實現其作爲具體的人，建立其自由專屬的外在領域
（ PR,§41 ）。當人成爲某外在物合法的擁有者時，別人就不能對
他擁有的物有支配權。例如當我擁有這房子與這車子作爲我的財產
之權利時，同時限定了其他人對這房子與這車子的權利。由此看
來，財產的最根本的意義不在人需求的滿足（ PR,§41Z ），而是如
Ritter 所言：『依據人作爲自然的存有的概念來看，人只是在其自
身之（存有），他的自由只是奠基於可能性而有，但人可以藉著突
破自然的權力（ Macht ），（運用其自由與權利）使自然成爲物，
而將自己由自然狀態的不自由中解放出來。』[33]

　　不過，佔物爲己有依然屬於抽象的權利，其必要性限於於否定
（ Negative ）的方式，也就是不要侵犯到別人的權利（ PR,§38 ）。
一旦人成爲行動的個人，分別追求自身興趣及意欲的滿足，人和人
的關係，分別作爲權利的主體，只能用唯一的方式：「契約」來實
現彼此的自由，這對黑格爾而言是非常不恰當的。因爲契約的對象
是一個單一的外在物（ PR,§75 ），利用契約來實現彼此的自由他

---

[32] 比較 Joachim Ritter：Person und Eigentum，in：Metaphysik und Politik，
Suhrkamp ： 1969 ， S.264.
[33] 同上， S. 270.

認為這會導至「物化」（Versachlichung）人與人的關係。黑格爾顯然認為意志自由的實現不可能停留在人抽象自由的層次，人如何能突破自然的權力，使自然成為物，而將自己從自然狀態的不自由中解放出來預設了人的形動力，如工作（Arbeit）與勞力，以及外在對勞動結果的公開承認（Anerkennung）與報償，而這些只有在市民的社會（buergliche Gesellschaft）的關係領域中才有可能真正實現。這等於在說：人權概念所涵概的普遍的人及財產自由，它的實現，有賴於現代化的社會及理性的政權[34]作為先決條件。

對於黑格爾這樣的人權思想，我們可能的疑問是：1.若從整體的角度來看，人權作為一種普遍的抽象權利是不足的，缺乏實質的內容的，但我們可以根據他這樣的看法而認為他反對人權作為一種普遍的權利？2.黑格爾的目標是說明自由觀念實現自身的過程（他認為這也是法哲學的目標），相對於這個目標而言，他的著力點在展示自由觀念實現自身的生成原因。基於此，我們要問的是：自由觀念實現自身的生成原因與自由觀念之所以成立的理由之間真的相互衝突？3.黑格爾所展示出來的自由觀念實現自身的過程，從抽象觀念、個人道德到公共倫理，公共倫理過程的從家庭、市民社會到國家，並非與歐洲文明的歷史發展平行對應，相反地，他有意以他的整體觀點，一個完全實現它自身的自由觀念，來說明希臘城邦政治開始以來，不同的社會與政治體系在實現自由與權利上的優越與不足之處。另一方面，他也以他的哲學觀點來定位其他的政治哲學的立場，如柏拉圖、亞理士多德、康德等人的政治哲學思想。他的野心在於以他的系統來定位歷史上政治社會的不同發展，以及定

---

[34] 同上，S. 273.

位不同哲學家的理論份際,然而我們依然可以問:黑格爾這系統本身的有效性基礎何在?如何證成?雖然我們不難看出其推論的嚴緊及嚴密性,從概念之出現去推其實現過程的先決條件,環環相扣,缺一不可,充份顯示理性邏輯的嚴格推展。但理性邏輯的嚴格推展並不能保證其結論為真,除非先證成這系統推論的有效性,真的前題才能導出真的結論。

對於第3點的質疑涉及範圍非常廣,需要非常多的論證及對黑格爾系統的詳細解析才有可能得到解答,非本文所能涵概的範圍。第1點的質疑在此之前其實已經得到解決,我們以下嘗試提供一個綜合性的說明:首先,黑格爾認定人權之所以成立(有效)的理由不建立在人的種族、性別、社會地位等經驗的條件,而在於人之為人的人格。雖然這抽象的普遍的權利,就整體的觀點來看只是一個可能性而已,但黑格爾在此反對的,是它作為自由觀念實現的辯證過程中的一環來看是不足的,而非反對人權概念之成立是因人之所以為人的人格,以及其所以成立的普遍性及必然性。其次是黑格爾據此普遍人權概念,反對奴役與以任何形式的壓迫,其必要性並不因它從整體來看是不足的而減少。對黑格爾而言,自由實現的最高階段就是普遍人權之完全實現[35],他雖非單純地主張一種普遍、抽象的人權,但這並不意謂他反對或取消它。有關第2點的質疑,則有待更進一步的說明。我們的出發點是:探討事物生成的原因與有效的理由有層次上的差異,不能視之為平面的對立或矛盾。當黑格

---

[35] 參考:『觀念必須繼續在自身中確定自己,因為它開始時先是抽象的概念。這個為始的抽象概念絕不會被放棄,它不斷豐富自身,而最終確定的因此是最豐富的』。(PR , §32Z)

爾是將抽象的權利作爲自由觀念實現過程中的一環來看時，他是否有權據此批評抽象的權利作爲法理之根據與作爲有權與無權的普遍判準[36]。Ilting 認爲黑格爾在理解或批評康德時，混淆了生成的原因與有效的理由在層次上的差異[37]，而導致理論上的誤導。對這點我們嘗試在下一部份提出說明。

四、對康德人權思想之批評

在探討黑格爾整體與部份的關係時，他的「揚棄」（Aufhebung）概念必須理解爲「被揚棄者同時是被保存者」（das Aufgehobene ein zugleich Aufbewahrtes)。 Ritter 利用這點來說明黑格爾的法哲學接受並保存康德個人道德立場：『對黑格爾而言人權概念所涵概的普遍的人及財產自由，它的實現，有賴於現代化的社會及理性的政權[38]作爲先決條件，在法哲學中接納康德式的「個人道德」對於權利及國家概念有基本及建構的（ grundsaetzliche und konstitutive ）意義：只有當作爲我的個體能夠在自身的主體性中，保持自身道德及良知的自主（ Selbstbe-stimmerung ），所有行動的內容包含每一爲我的主體性，即使行動保有外在的對象性（ PR,§110 ）。』[39] 黑格

---

[36] 請比較康德對法理學之界定，KW， VI， 237。

[37] Karl-Heiz Ilting ： Naturrecht und Sittlichkeit， Stuttgart ： 1983， S.27.

[38] 同上， S. 273.

[39] Joachim Ritter：Moralitaet und Sittlichkeit，in：Metaphysik und Politik， Suhrkamp ： 1969， S.284.

爾在《法哲學綱要》中對康德以意志之自主、自律來說明自由有極高的評價（PR,§133, 135），雖然這樣的保存與揚棄密不可分。

　　在《法哲學綱要》的前言部份，黑格爾批評哲學脫離現實、掌握超離的實在，而不理會當下之現在（Gegenwaertigen）與實在。對他而言，哲學必須深入當下合理的部份，以完成其自身的目的[40]。哲學並非在教導世界應該如何發展，而是『當實在完成其教育過程，而且有成果之後哲學才現身作爲世界的思想（Gedanke der Welt）』（PR, Vorrde, Suhrkamp, 1970, 28）。這是他非常獨特的看法：『將歷史的經驗與關聯歷史而完成的實在轉化爲哲學的反省』[41]。哲學的作爲並不能使過去了的生命型態重新鮮活起來，而是使之被理解，哲學因此是在歷史文明穿過漫長黑夜，在黎明的曙光中才開始展翅飛翔[42]。這樣的看法說明了哲學與人類歷史的雙向關聯：一方面必需透過歷史的經驗作哲學反省，另一方面基於對現實合理性部份的反省，對歷史經驗不合理性部份作批判。黑格爾一方面接納柏拉圖式的國家觀及基督教的個體概念，另一方面指出其片面性，就是最好的例子（PR,§185Z）：國家的和諧不能建立在取

---

[40] 比較 Hans Friedrich Fulda ： Das Recht der Philosophie in Hegels Philosophie des Rechts ，Frankfurt a.M.： 1968 ，S.7-12.

[41] 同上，S.5.

[42] 黑格爾在《法哲學綱要》的前言對哲學作了一番非常具像化的說明：
" Wenn die Philosophie ihr Grau in Grau malt ， dann ist eine Gestalt des Lebens alt geworden ， und mit Grau in Grau laesst sie sich nicht verjuengen ， sondern nur erkennen; die Eule der Minerva beginnt erst mit der einbrechenden Daemmerung ihren Flug."

消個人之特殊性上，反之，個人的特殊性之自由與追求亦不能建立在取消國家的整體性上。黑格爾這樣的哲學理解完全是建立在對一個終極的、完美的理性之信任，雖然他和康德一樣，肯定理性之有限，如理論方面理性之誤推、幻像，道德實踐經驗方面，理性在實際應用之非理性，但最大的差別卻在於：康德認爲理性之有限是在於理性的結構本身，它的有限性是無法克服的，而黑格爾卻認爲它在於理性之歷史性，一旦其真理或整體被揭露，理性之有限即爲無限。黑格爾整體或絕對的觀點一直出現在自由意志觀念實現的不同發展階段，用來說明發展中的揚棄與保存，這對康德而言是十分陌生的。對康德而言，自由只是「理性事實」（Faktum der Vernunft），而非「理性歷史事實」（Faktum der Geschichte der Vernunft），康德停留在自由作爲人類追求的理念及追求實現之範圍內，而黑格爾顯然一開始即越過這個範圍。從這樣的背景來看，單單以「整體」或「完全實現」的觀點來批評康德是不足的，因爲康德依然可以質疑提出這觀點之合法性僅僅建立在理性之玄想及辯證，是理性的樂觀主義。

黑格爾對康德政治哲學的批評可分幾方面來看： 1) 權利建立在個人意欲的限定。 2)抽象的善與不確定的主體概念。 3) 個人自由無法真正實現。這批評可歸結：『康德...不只將權利限制在外在的意欲行動（Willkuerhandlung），而且……認定個人道德是人類行動唯一的形式與實在』[43]，以至於個人自由無法真正的實現，因爲個人真正的自由只能在『作爲一個好國家的公民』（PR,§153Z）

---

[43] Joachim Ritter：Moralitaet und Sittlichkeit，in：Metaphysik und Politik，Suhrkamp ： 1969， S.288.

的公共倫理的界域中建立（PR,§33）。

1) 權利建立在個人意欲的限定：黑格爾認為，康德在《道德形上學》導論中對權利的界定，其實只是消極地限定『我的自由或意欲在於與每一個人的意欲能依一個普遍的法則共同成立』（PR,§29A）的範圍內，康德所提的普遍法則，作為我的意欲與他人的意欲達成一致的形式準則，僅作為達成個人自由之限定的形式條件。這種建立在對個人自由之限定的權利概念只會導出抽象的普遍權利，而非實質的普遍權利。如果它要達成實質的普遍權利意志，只能透過契約來說明人與人的權利關係。黑格爾非常反對用契約來說明家庭及國家的建立，他的理由不只因為他認為契約原用來說明物成為財產的根據，若以用來說明家庭及國家的成立，會使家庭及國家成為契約的對象，如此一來，家庭和國家不過是一些個人意欲所擁有的物或財產，契約關係取消掉家庭作為以血源及親情關係為基礎的共有性（Gemeinsames）（PR,§168, 169,170），另外對黑格爾而言最嚴重的錯誤是在於：取消國家超出個人意欲之上的獨立權利其國家之必要性（PR,§75）。

2) 抽象的善與不確定的主體概念：黑格爾認為康德式個人要實現其自身作為權利的主體必須以一實質、客觀的善為條件（PR,§33Z），而非透過一套形式的程序如權利的普遍化法則。這實質、客觀的善包含有客觀、獨立的法則與機關（Gesetze und Einrichtungen）（PR,§144），如法律與執法人員[44]，作為『公共

---

[44] 參考 Karl-Heinz Ilting：Die Struktur der Hegelschen Rechtsphilosophie，in：Materialien zu Hegels Rechtsphilosophie，Hrsg. von Manfred Riedel，Suhrkamp：1974，S.58.

倫理的力量（sittlichen Maechte），管理個體之生活』（PR,§145）。
黑格爾認爲：『人類爲完成德性（tugendhaft zu sein）所必須達到
的義務在公共倫理的共同體制是容易得到說明的。他就是做在他的
關係中已經提出、明訂與熟悉的事』（PR,§150）。康德透過一套
形式的程序如權利的普遍化法則所得到的個人自由，是抽象與不確
定的。

3)個人自由無法真正實現：黑格爾認爲康德政治哲學最大的缺
陷是只容許個人作爲權利的主體，國家及國際權利只是由此導生的
權利，國家及國際無法成就自身超越個人意欲及獨立的意義與價
值。一個現代化的國家觀念，被排除在康德的理論之外。而人權缺
乏實質的實現條件只是空泛的理想，無法落實。

黑格爾的批評可總結爲：康德以個人的人權爲出發點無法說明
國家權利之獨立性意義。這批評是否中肯？要能回答這問題顯然必
須回到康德爲甚麼以個人的人權爲國家權利之基礎的問題上。康
德的確如黑格爾所言，只承認個人作爲權利的主體，國家及國際權
利只是由此導生的權利。黑格爾忽略的是：**康德認爲人權是國家權
利之所以有效的理由，而非國家權利的生成原因或條件**。康德認爲
國家的權利若建立在：滿足人民的需求、保護人民免於他人或他國
武力之侵害等，則國家權利的基礎是建立在一些偶然性上，個人的
需求及幸福的內容因人而異，是無法有普遍性及必然性的。要求免

Peter G. Stillman：Hegel's critique of liberal theories of right，in：G. W.F.
Hegel， ed.by R. Stern， London & New York ： 1993， pp. 318.
Iting 與 Stillman 皆強調執行此懲罰性正義的人，非基於個人意欲，而是
以貫徹普遍的規範爲其行動的準則。

於武力之侵害亦會因實際情況而有不同程度及內容的差異，也是不具普遍性及必然性的。人權基於其絕對神聖、不可侵犯的終極價值才是國家權利之所以成立的普遍必然基礎[45]。就這點而言，人權相對於國家權利而言有邏輯的優越性[46]。黑格爾顯然在批評康德時，未察覺這當中的差別。若黑格爾要貫徹其對康德的批評，他必須能提出論證證明人權不足以成為國家權利之所以有效的理由。對這一點，黑格爾的態度是十分曖昧不清的，他一方面強調人權與公共價值領域的互補性，一方面確也肯定人權有效的理由不在公共價值領域。這與他事先就站在「普遍、具體的整體」立場有關，這本身就有許多待商確之處。黑格爾對康德的批評集中在說明康德忽略人權的具體實現會涉及社群共同的價值，而且這些實質的善有其自身獨特不能取消的地位。問題是康德的理論不一定有取消社群共同價值的獨立意義之取向，特別在理論上，康德強調實證法在經驗的層次有其獨立的意義，這在《道德的形上學》中對天生與獲取的權利之區分，已得到說明。但另一方面，當社群的共同價值有所偏離，特別是壓迫人權或主張奴隸制度等違及人權時，康德會藉普遍的人權觀點說明其不合法。而後者不必然蘊含取消社群共同價值的獨立意義。這十分符合我們常識上對西方蓄奴、希特勒之屠殺猶太人、殖

---

[45] 請比較 KW， VIII， 87：『一個擁有自由這種能力的存有，可以而且應該…只為人民要求以人權作為立法（根本）的政府，應該服從（人權），必要地遠在所有的福利考量之前。而且它是一種神聖，高過所有（利益）的價格。沒有政府…可以侵犯它』。

[46] 比較 Wolfgang Kersting ： Wohlgeordnete Freiheit，Suhrkamp ： 1993 ，S.82.

民主義對其他種族人權的剝奪等，以及亞、非集權專政政府對人權的壓迫等的批判，我們不但肯定有如此批判的權利，而且認為應該這樣做以促進人權的普遍實現。黑格爾站在「普遍、具體的整體」立場來討論人權，反而有以人權普遍實踐為代價，犧牲人權神聖不可侵犯性之嫌疑，模糊了其自身反奴役、反壓迫的立場。

　　以下我們嘗試從另一角度來看：黑格爾陳述了普遍地實現人權之必要條件，不但不是與康德的立場相對立，甚至可以用來補充康德不足之處，而且能對我們當下要求人權之普遍實現有所啟發。

五、人權與其實現之條件

　　無論是康德或黑格爾皆肯定人權之成立是在人作為人的普遍基礎上，沒有人可以單單因為其種族、性別、性取向、身份等因素，而阻礙其作為人的自由與權利。當我們如此主張時，也許有人會如此反駁：康德與黑格爾都是德國人，皆承襲日爾曼文化及歐洲文明的傳統，對中國人或亞洲人是不適用的。針對這樣的反駁，我們的態度是：無論人權的思想的來源有怎樣的不同，也無論中國或亞洲有沒有普遍的人權概念，基於人權是我們願意接受的理念與逐步實現的目標，我們皆可基於反省批判而取得人權之正當性，主張個人及國家不但不應違反人權，反而應該創造人權普遍實現的有利條件。理由是我們作為生活在特定文化、習俗及價值規範中的人，的確是從先行既有的判斷角度、價值導向及團體標準開始認知並探索世界及自我。但是，我們不僅可以，也應該反省並檢討傳統的集體信念與個人對生命意涵的獨特看法，不斷透過新的經驗重新評估它

們的價值，而且藉著新的論證之認知來修正它們[47]。

康德人權理論之困難在於其人權概念判準的過份形式化，一旦涉及不同集體的價值或善概念在作為異質的典範時，很難確定是真的違反人權，或者是文化上實質上的不同，或者只是對客觀的價值或善概念認知上之差異而已。以非洲的男童祭、割女童陰蒂或印度曾有的活人陪葬之例，當被犧牲者無異議時，我們如何可能應用康德人權理論說明其違反人權？康德雖然以應有的自由之剝奪來說明違反人權，但當價值系統受制於共同的信仰，而暫時無法與我們的系統通約共量時，在用我們的語言說明這些行為時，即面臨困難。這不意謂我們因此主張道德相對主義，或必須遷就這文化而虛假地肯定其文化的價值[48]。我們有關「殺害或傷害無辜者是錯的」的判準並未因此成為主觀原則。真正的關鍵在於在對這類行為作描述預設對異質文化及語言規則的理解，若其行為可充份說明為殺害或傷害無辜者，則可依人權普遍概念加以譴責，反之若為榮耀祖先或與先人精神上之合一，則應尊重其部足之自律自主。對這之間判定原則的問題，康德並未討論到。這點顯然是黑格爾的著力之處。依黑格爾的人權理論，我們有更進一步的衡量標準：人權普遍的實現離不開具體的集體價值或善概念，如果這是因文化上實質上的不同，這表示我們完全無法由我們的價值系統出發，去理解並整合這樣的價值或善，我們完全沒有判定其違反人權與否的認知基礎。如

---

[47] 比較 Kesting，附註 23.

[48] 比較 Charles Taylor ： Multiculturalism and the politics of Recognition，Princeton ： 1992. PP.63-73.

果只是對客觀的價值或善概念認知上之差異，我們就有兩種可能的回應：一是就將其提出的特殊價值，如榮耀祖先等，不能違反雙方共同承認的客觀價值，如生存權、不無辜受虐的權利等，說明男童祭、割陰蒂、活人陪葬違反人權。另一則是將這行為作為逐步實現人權的一部份（PR,§57Z），終究會被推翻或淘汰。這是當被犧牲者無異議時，根據黑格可能有的回應。前者對康德而言亦是可以接受的，而後者則是十分可疑的。

Kersting 認為康德會主張人權之完成必須在國際社會合平共存的條件下才能完成[49]，由「自然狀態」進入國家規範的狀態並不足保障人權之實現。國與國的自然狀態必需能進入國際規範的和平、理性狀態，人權才有可能「理性地」完成。但康德卻無法說明國際社會是以怎樣的形式來保障人權最恰當，理由是：個人的權利作為國家權利的基礎說明了國家保障人權之責任與義務，而國際社會作為不同國家的自由結盟，如何承擔普遍人權實現之責任與義務？而且對不同自主國家有實際的約束力？這些要在康德的理論中得到解決是有困難的。但這困難對康德而言，並不足以說明國際社會干預不同國家違反人權是不合法的，相反地，康德這樣的看法為國際社會干預不同國家違反人權奠定了合法基礎。在這意義下，康德在《論永久和平》所強調的經濟利益的國家聯盟，與基於人權的國家聯盟可以並行而不悖，由國際社會督促人權在不同的公共價值領域中有實現的可能性。

另外，黑格爾強調營造現代化的社會及理性的政權與家庭及社

---

[49] 比較 Wolfgang Kersting： Wohlgeordnete Freiheit，Suhrkamp： 1993，S.70.

會教育之間的密切關係。黑格爾提到家庭中教導子女應以人格教育
（PR,§177）爲目標，使他或她成爲有人格、可以承擔權利的個人
與公民。家庭中父母不能把子女當作財產或物來擁有或教養，因位
這會違反子女作爲人的人權，也傷害父母與子女間的親情倫理。現
代的社會與國家並不取消個人的主體性，經濟民生需求的滿足與個
人自主性保障必需能統合於現代社會與國家的最終目的：人權的普
遍實現。

　　值得注意的是，人權與人權實現的條件必需有所區分，因爲唯
有人權的意涵，保有有其獨立、崇高的普遍意義時，它才能作爲我
們努力達成的理念與目標，只有在這樣的前題下，談人權實現的條
件才有意義。根據這樣的看法，1984聯合國「發展權宣言」的主
張，將第三世界的「發展權」併入人權的理念[50]是不恰當的，這一
方面模糊了保護個人自由人權、聲討違反人權之政府的正當性，另
一方面模糊了西方殖民主義對其他種族剝削及壓榨的人權議題，發
展權應一方面在創造普遍人權實現的可能性上討論，另一方面在高
度發展國家基於公平正義的補償原則，對曾受侵害國家人民所應負
的責任上討論發展權。

六、結論

---

[50] 對這份文件的分析請參考陳秀容：〈第三世界人權觀念的探討〉，收在：
《民主理論：古典與現代》，張福建、蘇文流主編，台北南港：1995，
301-333。

在追求邁向二十一世紀經濟、政治、社會的現代化國家，人權的保障與維護不只是達到這目標的手段而已，也不是國際政治角力、制衡的口實。雖然現實上顯示：人權的保障與維護被視為一種過渡價值，最多與商業、經濟價值並架齊驅。從康德的哲學中，我們清楚看到這種看法的錯誤：如果二十一世紀經濟、政治、社會的現代化國家在各方面發展俱足，卻不充份提供對人權的保障與維護，則二十一世紀經濟、政治、社會的現代化國家是一個不值得有自由意志者生活及生存的地方，人的尊嚴及價值被出賣為「作一隻快樂的豬」。一個真正的現代化國家與人權的保障與維護在概念上是分不開的。

另一方面，我們所在的社群、文化和語言，是我們共有的價值與實質的善，要實現人權的保障與維護，我們必需與它有對話，反省並理解它，透過新的經驗重新開發並審視它，傳統價值與現代社會是不能截然二分的。從黑格爾的法哲學，我們可以看出上社群與文化在發展我們自身價值觀的重要意義，在實現普遍的人權價值的目標下，如何藉著對既有價值的發現與重新評估的過程，創造有利達成這目標的現實環境，是社群與文化的成員責無旁貸的任務。

綜合以上的研究，我們會發現黑格爾的人權理論基本上並不直接與康德的人權理論相衝突。他們皆認識到：人權成立的理由在於人之人格，他們共同追求的目標亦是人權的普遍實現。他們的分歧在於達到這目標手段上的不同：康德認為國家權利是個人權利的延伸，集體是由個人組成，集體意志等同於個人意志的匯合，人權的保障與維護必須在這樣架構下的國家中實現，甚至必需延伸到由不同國家自由結盟的國際社會中達成。康德認為透過民主法治執政的

政府必需將人權放在經濟、民生福利之上來考量，就是這想法的具體應用。康德這樣的主張對他而言，是出於對人之自由及權利概念上的解析，不涉及特定文化價值與善的概念。黑格爾認爲達到人權普遍實現的目標必需在獨立的國家權利之行使，國家權利不是個人權利之延伸，集體的意志也不是由個人組成，而是有其高於個人、卻不取消個人作爲主體的意義。黑格爾對市民社會及國家以它自身爲目的獨立地位之強調就是最好的說明。本文作者較傾向康德的立場，理由是基於維護人權作爲現代化社會不可缺的基礎之明晰性及確定性。

康德與黑格爾的差別在他們一開始對甚麼是哲學的問題上就產生出來。康德將哲學的範圍限定在於對理性先驗概念的解析，黑格爾則在理性實現其自身的歷史（精神的現象發展過程）。他們對理性的看法亦截然不同，康德認爲理性並不因其哲學的運用而成爲無限，黑格爾則持完全相反的意見。黑格爾對康德的批判有一部份是出於理論在探討有效理由及生成原因之間不同的誤解，其對立關係有一部份是可以化解的。

本文作者主張在概念層次，區分開人權與發展權作爲實現人權的條件，一方面凸顯人權的不可取代性，另一方面顯示國際社會公平與正義原則的必要性。

陳瑤華　　東吳大學哲學系
E-mail：jhchen@mbm1.scu.edu.tw

參考文獻

原著部份：

Kant , I.： *Kants Werke* , VI 、 VII 、 VIII , Berlin ： 1968.

Hegel ， G.W.F. ： *Grundlinien der Philosophie des Rechts* , Suhrkamp ： 1970.

Hegel , G.W.F.： *Vorlesungen ueber Rechtsphilosophie* 1818-1831 , Karl-Heiz Ilting (Hrsg. und Komm.) , Stuttgart ： 1973.

Hegel , G.W.F.： *Phaenomenologie des Geistes* , Suhrkamp ： 1970.

Fichte ， J.G. ：*Versuch einer neuen Darstellung der Wissenschaftslehre* , Hamburg ： 1984.

康德，《道德底形上學之基礎》，李明輝譯，聯經，台北， 1990.

二手資料：

Feldmann , F.： *Introductory ethics* , Prentice-Hall ： 1978.

Ferrara ， A. ： " Universalisms ： procedual , contextualist and prudential " , in ： *Universalism vs. communitarianism* , edit by D. Rasmussen , MIT Press ： 1990 , P.11-38.

Fulda , H. F.： *Das Recht der Philosophie in Hegels Philosophie des Rechts* , Frankfurt A.M.： 1968.

Habermas , J.： *Faktizitaet und Geltung* , Suhrkamp ： 1992.

Hoeffe , O.： " Recht und Moral " , in ： *Neue Hefte fuer Philosophie* , Hrsg. von R.Bubner und K. Cramer , Wiehl & Goettingen ： 1979 , S.1-36.

Ilting , K-H.： " The structure of Hegel's philosophy of right " , in ：

Hegel's political philoophy,ed.by Z.A.Pelczynski , Cambridge ：
1972 , pp.90-110.

Ilting , K-H.：" Die Struktur der Hegelschen Rechtsphilosophie " ,
in ： *Materialien zu Hegels Rechtsphilosophie* , Hrsg. von
Manfred Riedel , Suhrkamp ： 1974 , S.52-80

Ilting , K-H.： *Naturrecht und Sittlichkeit* , Stuttgart ： 1983.

Jesse , E.： *Repraesentative Demokratie* , St.Augustin ： 1995.

Kersting , W.： *Wohlgeordnete Freiheit* , Suhrkamp ： 1993.

Kersting , W.：" Politics , Freedom and Order " , in ： *The cambridge
companion to Kant* , ed.by P.Guyer , Cambridge ： 1992 , pp.
342-366.

MacIntyre , A.： *After virtue* , Notre Dame ： 1981.

Patzig , G.：〈當前倫理學討論中的定言令式〉,收於：《康德道德
底形上學之基礎》,李明輝譯,聯經,台北,1990,pp.97-117.

Pelczynski , Z.A.：" The Hegelian conception of the state " , in ：
Hegel's political philosophy , ed.by Z.A.Pelczynski ,
Cambridge ： 1972 , pp.1-29.

Pelczynski , Z.A ：" Political community and individual freedom in
Hegel's philosophy of state , in ： *G.W.F.Hegel* , ed.by R.Stern ,
London & New York ： 1993 , pp.248-273.

Perutz , M.F.：" By what right do we invoke human right " , in ：
Proceedings of the American Philosophical Society 1402(1996) ,
pp. 138-147.

Riedel , M.： *Studien zu Hegels Rechtsphilosophy* , Suhrkamp:1969.

Ritter , J.： *Metaphysik und Politik* , Suhrkamp ： 1969.

Stillman , P.G. : " Hegel's critique of liberal theories of right ", in：
　　　G. W.F. Hegel , ed.by R.Stern , London & New York：1993 ,
　　　pp.313.

Taylor , C. : " Hegel's ambiguous legacy for modern liberalism ", in：
　　　G.W.F. Hegel , ed. by R.Stern , London：1993 , p.345-357.

Taylor , C. : " Sprache und Gesellschaft ", in：*Moralitaet und
　　　Sittlichkeit* , Hrsg. von W. Kuhlmann , Suhrkamp：1986 , S.
　　　35-52.

Taylor , C. : " Die Motive einer Verfahrensethik ", in：
　　　Kommunikatives Handeln , Hrsg. von A. Honneth und H. Joas ,
　　　Suhrkamp：1986 , S.100-135.

Taylor , C. : *Hegel and modern society* , Cambridge：1979.

Taylor , C. : *Multiculturalism and the politics of Recognition* ,
　　　Princeton：1992.

陳秀容：〈第三世界人權觀念的探討〉，收錄於《民主理論：古典
　　　與現代》，張福建、蘇文流主編，台北南港，1995，頁 301-
　　　333。

陳瑤華：〈康德的人權理念〉，《東吳政治學報》，第六期，頁 73-90。

錢永祥：〈人格、財產與正義：黑格爾對抽象權利的批評〉，收錄
　　　於《正義及其相關問題》，戴華、鄭曉時主編，台北南港，1995，
　　　頁 131-146。

蕭高彥：〈理性公民共同體：黑格爾民主理念之重構〉，收錄於《民
　　　主理論：古典與現代》，張福建、蘇文流主編，台北南港，1995，
　　　頁 73-92。

關鍵詞：

普遍人權　　權利　　生成原因　　有效理由　　個體　　整體
承認　　市民社會與國家

中文摘要：

　　本文主要在反省黑格爾對康德人權概念的批判，並嘗試釐定二者理論的分際，以澄清因層次之混淆而有的誤解。康德主要在證成人權之所以可能的根據，黑格爾則在說明普遍實現自由之條件，雖然理論的進路大不相同，但卻可以提供重要的思考原則，作為審視人權問題之指標。康德的進路之優點在於一方面提出自主性原則作為權利之依據，另一方面不排除我們對違反人權之譴責的正當性。黑格爾則說出人權的積極意義：從現實的社會體制中創造人權普遍實現的有利條件。這些省思可以作為我們發展當前人權理論之墊腳石。

《台灣哲學研究》第 1 期（1997 年 9 月）：217-240

證據條件與真值條件

黃慶明

一、問題之背景

　　到底什麼是**知識**呢？這是知識論（ Epistemology ）的一個主要課題，自從柏拉圖以來，各時代的哲學家對這個問題的看法都不盡相同。不過，自從葉爾（ A. J.Ayer, 1910-1989 ）和齊雄（ Roderick Chisholm ）對這個問題提出新的看法後，英美哲學界似乎有了共識，認為：

　　（1）知識必須是真的；
　　（2）知識必須是做認知的當事者者所相信的；
　　（3）知識必須是證成的（ justified ）。

　　此謂之知識的三條件說。對於這個論題，哲學家們所要問的問題主要的有兩個，第一個是：這三個條件分別來說是不是成立？另一個是：合起來是否就是知識的**充分必要條件**。英美哲學界在 1963 年以前主要的是在探討第一個問題，而比較沒有觸及第二個問題。不過在 1963 年，學者葛第爾（ Edmund L. Gettier ）寫了一篇叫做〈證成的真信念是知識嗎？〉（" Is Justified True

Belief Knowledge？"）的論文[1]，提出了第二個問題，並以最嚴格的邏輯論證指出第二個問題的答案是否定的，也就是說，即使前述的那三個條件都能夠成立，但是仍然不算是知識，換言之，它們充其量只能算是知識的**必要**條件而絕不是**充分**條件。此文在知識論學界引起了軒然大波，至今恐有上千頁以上的論文及書籍在探討他所提出的說法。學者們一般都把這個引起爭論的問題稱之為「葛第爾問題」（Gettier Problem）。

這個問題的重要性是這樣的，假如葛第爾的說法成立，那麼就消極方面說，我們就要繼續去找知識的第四、第五等等條件，其後果實在甚為堪慮，因為可能沒完沒了而流於懷疑論。不過，就積極方面說，它可以促使我們對於證成問題作進一步的反省。其次，就算葛第爾的說法不成立，我們也要在證成的問題上考慮到他所提出的三條件說之困難，並加以解決，以便完成對於知識的分析工作。

二、葛第爾的論證及其預設

葛第爾的論證是這樣的，他先設想兩個符合知識三條件的情況，然後再指出這兩情況中所涉及的認知的當事者絕對不能算是知道了什麼。因此，他認為這三個條件合起來並不構成知識的充

---

[1] Edmund L. Gettier，" Is Justified True Belief Knowledge？"，*Analysis*，23.6（1963），pp.121-23.

要條件[2]。

第一個情況是說，假定史密斯和鍾斯兩人一起去應徵某份工作。又假定史密斯根據很有力的證據而相信下列這個連言句：

> （a）鍾斯就是那個會獲得工作的人，而且鍾斯的口袋
> 裡有十個銅板。

史密斯對（a）的證據是，例如，公司老板跟他表示確定要錄用鍾斯；而且史密斯在十分鍾前曾數過鍾斯口袋中的銅板，確實是十個；……等等證據。

從（a），依邏輯法則，可以遞衍（entail）出底下這個命題：

> （b）得到工作的那個人口袋中有十個銅板。

今假定史密斯瞭解到（a）到（b）的推衍是有效的，而且也根據（a）而接受了（b），那麼，他顯然是證成地相信（b）為真，換言之，他似乎算是知道了（b）為真。但是，葛第爾卻認為我們可以做底下的設想：

> 實際上最後並不是鍾斯得到了工作，而是史密斯自己得
> 到了工作。對於這一點，史密斯卻一無所知。其次，假

---

[2] Edmund L. Gettier，" Is Justified True Belief Knowledge？"，*Analysis*，23.6（1963），p. 121.

定史密斯口袋中也恰好有十個銅板。

於是，雖然命題（ａ）為假，但是它們所推論出的（ｂ）卻仍然為真，因此，就（ｂ）而言，史密斯的認知情況確實符合了知識的三條件。如下：

（１）（ｂ）是真的；
（２）史密斯相信（ｂ）；
（３）史密斯證成地相信（ｂ）。

但是，由於史密斯心中的那個人是鍾斯，所以，史密斯絕不能說是知道了（ｂ）。

現在問題是，何以證成條件（３）算是滿足了呢？依上例看來，其理由有二：第一，（ｂ）是從（ａ）「邏輯地」推衍出來的；第二，這個論證的前提（ａ），史密斯對它的成立持有充分的證據。對於前者，大家沒話說，但是對於後者，由於（ａ）為假，所以，如果沒有進一步的說明，葛第爾的這個論證恐怕是有問題的。他當然知道這一點，因此，他說他的論證預設了底下兩點，他說[3]：

第一，就 S 之證成地相信 P 是 S 知道 P 的必要條件這當中的證成的意義而言，一個人有可能證成地相信一個事

---

[3] Ibid.， p.122.

實上爲假的命題。

第二，對於任何命題 P 而言，假如 S 證成地相信 P 而且 P 遞衍 Q，而 S 又從 P 推衍出 Q 並接受 Q 是此推衍的結果，那麼，S 是證成地相信 Q。

事實上，從以後的爭論看來[4]，還有一個預設是葛第爾所未指出的，就是：假的命題可以拿來證成另一個命題。因爲，從上例看來，史密斯即使對（a）有充分證據，但由於（a）事實上爲假，他如何能拿來當前提而推衍出（b）呢？可見葛第爾的第二個預設要成立必須又要預設 P 可以爲假。如此，在這三個預設之下，上例纔能成立。爲了方便以後的討論起見，筆者將以上這三個預設分別稱之爲：

（1）假命題可被證成之原則（簡稱 PJF 原則）；
（2）假命題可證成另一命題之原則（簡稱 PFJ 原則）；
（3）證成性之可演繹原則（簡稱 PDJ 原則）；

「PDJ」這一名稱是學者們的簡稱，而「PJF」及「PFJ」則爲筆者杜撰的。「P」表「原則」；「J」表「證成」；「F」表「假命題」：「D」表「演繹」。

以上例而言，（1）中的假命題指的是（a），葛第爾認爲

---

[4] Robert G. Meyers and Kenneth Stern，" Knowledge without Paradox "，*Journal of Philosophy*，70. 6（1973），p .147-60.

既然公司老板向史密斯表示一定要錄用鍾斯,那麼史密斯就算是證成了（a）。從葛第爾之假定看來,公司老板之證詞顯然是假的,但史密斯在那種情況下實在無從分辨。依葛第爾之意,推而廣之,我們可以說,

> 凡被證成的命題不必都是真的。

這也就是上述的 P J F 原則的引申說法。其次,（2）中的假命題指的也是（a）,只要能夠用來證成（b）,它本身為假並不要緊。推而廣之,我們可以說,

> 凡被認知的當事者拿來證成另一命題的那些命題本身不必為真。

這也就是上述的 P F J 原則的引申說法。最後,（3）是說,只要認知的當事者能證成（a）,則即使（a）為假,但（a）的證成性可經由演繹法而傳遞給（b）,而使得（b）也算是證成的。換言之,

> 凡被證成之命題的證成性可經由有效的邏輯推衍而傳遞給另一命題,而使得此另一命題也算是被證成的。

這也就是上述的 P D J 原則的引申說法。

　　葛第爾的第二個情況與前例類似,在此不贅述。最後,葛第

爾的結論是[5]：

> 這兩個例子顯示出定義（a）[6]並沒有說出某人知道某一已知命題的充分條件是什麼。只要適當地修改一下，同樣的情況也足以顯示出定義（b）[7]以及定義（c）[8]也都不是某人知道某一已知命題的充分條件。

三、本文主旨

　　葛第爾的此文一出，立刻引起了廣泛的討論，有贊成也有反對的。反對他的人主要的是在攻擊葛第爾的三原則及其兩例當中

---

[5] Edmund L. Gettier，" Is Justified True Belief Knowledge ？"，*Analysis*，23.6（1963），pp.123.

[6] 即：S 知道 P 若且唯若（if and only if）：P 是真的（P is true）；S 相信 P（S believes that P）；S 是證成地相信 P（S is justified in believing that P）。

[7] Roderick M. Chisholm，*Perceiving : a Philosophical Study* . Cornell Uni-versity Press，New York，1957，p.16. 即：S 接受 h；S 對 h 持有充分證據；h 為真。

[8] A. J. Ayer，*The Problem of Knowledge*. Penguin Books Ltd，New York，1984，first published 1956，p. 31. 即：P 是真的；S 確信（be sure of）P 是真的；S 有權確信（has the right to be sure that）P 為真。

的邏輯推衍程序。他們認為葛第爾的預設或推衍程序不成立，因此，連帶著的所謂「葛第爾反例」（ Gettier's Counterexamples ）也不成立，傳統的分析仍然是對的。至於贊成的人，一方面駁斥反對者之說法，另一方面則加強葛第爾的論證，他們認為三條件顯然是不夠的，我們必須再加上第四個條件纔行。於是就出現了各式各樣的第四條件說。

不論是贊成或反對，爭論的焦點都在葛第爾的三原則上面。因篇幅所限，本文旨在檢討葛第爾的第一個原則，即：P J F原則。筆者認為葛第爾的說法有問題，而為此原則辯護的那些學者的意見是不成立的。現在就以學者阿梅達（ Robert Almeder ）對此原則的駁斥開始談起。

四、阿梅達之學說

自從葛第爾提出 P J F 原則之後，獲得了不少迴響，據筆者所知，似乎只有學者阿梅達獨排眾議，他認為只要證據充分，則所要證成的命題就必須為真，換言之，**證據條件**（ evidence condition ）**的滿足必遞衍或推衍出真值條件**（ truth condition ）**的滿足**。阿梅達說[9]：

有很多很多的哲學家認為，由於知識的真值條件在邏輯

---

[9] Robert Almeder ，" Truth and Evidence "， *Philosophical Quarterly* ， 24 （ 1974 ）， p. 365.

上並不同於證據條件，所以，後者的滿足並不遞衍前者的滿足。換個方式來說是，在哲學家們之間有一個流行廣泛的趨勢，就是：主張一個人所持有的證據充分到算是擁有知識，但卻不能藉此而遞衍出他所主張知道的事物為真。而此一觀點是涵蘊於每一個有底下意思的主張之中，即：即使一個人所持有的證據是充分到算是擁有知識，但是對於他所主張知道的事物而言，也許仍然不能算是知道它們，因為他所主張知道的事物可能是假的。關於此觀點，令人驚異的是，它顯然是錯的（我將在底下指出來），而不能檢測出這種錯誤的後果就大大地影響了十年來對於知識本質做進一步的思辨。實情的確如此，至少回溯到葛第爾的〈證成的真信念是知識嗎？〉這一篇重要的論文出來之後的情況確是如此，對於傳統知識之定義的每一個反例，以及每一次修補該定義（因為通常的反例）的企圖，或全然排除可以成功地定義該概念的可能性，這三者基本上都是根據一項未經檢驗的假設之上，即：就算是證據充分到算是擁有知識，但是仍然不會遞衍真理。

簡言之，阿梅達是反對 P J F 原則的。他在其〈真理與證據〉一文之中提出了兩點反對的理由[10]。又在其〈葛第爾型態之反例無效〉一文之中補充一點[11]，總共三點。不過，由於補充的那一點

---

[10] Ibid.， pp.365-8.

[11] Robert Almeder ，" The Invalidity of Gettier-Type Counterexamples "，

是在反駁 P F J 原則，所以在此不談。我們現在只研究前面這兩點是否成立。如下：

（一）神秘直覺或神的光照問題：

阿梅達首先認為，假如證據條件的滿足還不能使真值條件也滿足的話，換言之，我們有充分證據相信的命題竟然還不能夠為真的話，那麼，除了「神的光照」（divine illumination）之外，就只有依靠「某種直接或神秘的洞察力」（some direct or mystical insight）來看到（see）一個命題到底是否為真了[12]。不過，這樣一來就會流於神秘主義，而無法解決有關知識主張的真假問題，因為，我們的判斷或命題常常會說到一些原則上就不可能被「看到」的東西，比如說像抽象元目（abstract entities）以及過去和未來的事物等等，它們原則上就不可能被「看到」。所以，不論我們爭論著說這些事物或事態到底是如何，我們的爭論也由於沒有辦法用「看」的方式去檢測而無法解決，而一個妥當的知識論就應該至少在原則上能夠解決這些爭端。如果我們不能夠依靠證據來解決問題而只有用上述那種「看」的方式來解決的話，那麼這些爭端甚至在原則上都不可能被解決[13]。

Philosophia，13（1983），pp . 67-74.

[12] Robert Almeder，" Truth and Evidence "，Philosophical Quarterly，24（1974），p. 365.

[13] Robert Almeder，" The Invalidity of Gettier-Type Counterexamples "，Philosophia，13（1983），pp .70.

　　阿梅達所說的「直接看到」這一點是爲了回應學者何夫曼先生（William E. Hoffmann）的質疑[14]。何夫曼認爲，即使證據條件無法決定真值條件，那也不必要訴諸什麼神秘的直覺，因爲我們只要「**事後**」（after the fact）**察看一下命題所說的是否爲真**不就得了！[15]何夫曼並進一步表示，真值條件是否滿足也許是「只能」事後知道的。至於在事前，則只好看看我們要如何決定了。只要一般看來，證據是充分的，那就算是爲真，當然將來不一定爲真。何夫曼認爲阿梅達混淆了底下兩者[16]：

（1）真值條件事實上滿足。（事後）
（2）真值條件被我們決定爲滿足。（事前）

阿梅達對於前述的直接「看」到這一點的回應[17]就如上面所述，他認爲知識論上很多的爭論並不是簡單地依靠「事後」就能決定的。至於何夫曼說他混淆上述（1）和（2）的問題，阿梅達認爲，上述的（1）和（2）都必須假定我們能夠「看到」真理[18]。因爲就如前所述，一些不可能被看見的東西，它們到底有什麼

---

[14] William E. Hoffmann ，" Almeder on Truth and Evidence "，*Philosophical Quarterly*， 25（1975）， pp . 59-61.

[15] Ibid.， pp. 60-61.

[16] Ibid.， p. 60.

[17] Robert Almeder ，" On Seeing a Truth : A Reply "，*Philosophical Quarterly*， 26（1976）， pp.163-65.

[18] Ibid.， p.164.

性質呢？這就不是什麼事前或事後所能解決得了的。

其次，阿梅達承認上述的（1）和（2）是不同的，因爲真值條件確實可以在沒有人決定其爲滿足的情況下，事實上是滿足的。不過，如果我們不能夠決定真值條件是否滿足的話，那麼我們也就不能夠決定是否知道什麼了！如此一來，我們也就不能建立一套妥當的知識論了[19]！

筆者認爲阿梅達的答辯成立，問題是，對於那些只能事後決定或事後纔能看見其真值條件的命題又該如何呢？是否證據充分了就爲真呢？對於這一點，阿梅達認爲，即便要在事後決定，那也要看看當事者所持有的證據之充分與否而決定。接著，我們來看看他的下一個主張。

（二）證據充分與爲真的問題：

阿梅達認爲如果我們對於命題 P 的證據充分，則 P 必須爲真，換言之，證據條件的滿足必須遞衍真值條件的滿足。他說[20]：

> 其次，假定一個人的證據能夠充分到足以擁有知識但又還不足以遞衍出他所主張知道的事物爲眞，那麼這就惡劣地忽視了某些語言用法的事實（fact of usage）。

---

[19] Ibid., p.165.

[20] Robert Almeder , " The Invalidity of Gettier-Type Counterexamples ", *Philosophia* , 13 （1983）, pp. 71.

阿梅達首先提出的理由是訴諸語言的用法，意思是說，我們事實上是這樣在使用著「證據」、「為真」等語言，我們的用法告訴我們：假如證據充分了，那麼，該證據所支持的命題即為真。因為[21]：

> ……說母語的人一般都會承認，如果一個人的證據被判定為充分到足以擁有知識，那麼按照這個事實看來，他所主張知道的事物就為真。

除了訴諸語言用法之外，阿梅達接著又認為，如果我們懷疑某知識主張的成立，那麼，我們首先要懷疑的就是：支持該主張的證據是否充分。假如人家的證據確實是充分的，而且我們也承認的話，那就不能再逼問人家說[22]：

> 是的，你的證據是充分了，但是你有什麼理由認為你所主張知道的事物為真呢？

阿梅達的意思是說，我們不能這樣問，因為對方不可能會有什麼充分的方法來回答。就算要回答，也只能這樣說[23]：

---

[21] Ibid.

[22] Ibid.

[23] Ibid.

> 就你承認我的證據是充分的這一點而言，我已經向你顯
> 示出我所主張知道的事物爲眞了。

對於阿梅達的這個論證，何夫曼極表不同意[24]，並舉例駁斥之[25]。
何夫曼的例子是這樣的：

情況一：仲斯坐在飯店大廳，注視著眼前幾呎外的樓板的某一點，他開
　　　　始懷疑樓板的那一點是否能像以前那樣，多次走過之後都能夠
　　　　承受得住他的體重。爲了確定此一疑點，他只好看看那些體重
　　　　顯然比他重的人走過去之後樓板會不會塌下去。幾小時之後，
　　　　仲斯並沒有看見那一點陷下去或有什麼崩裂聲出現。於是，他
　　　　就走近那一點，並小心地踏一踏該地點的樓板，然後安全地通
　　　　過了那一點。

情況二：與上述的情況完全相似，只不過是把當事者仲斯改成史密斯，
　　　　而事件發生之時間和地點不同而已。但是其中有一重大的不同
　　　　點，就是：史密斯走過樓板的某另外一點之時，由於某些無法
　　　　預知的原因，比如說是建築結構出了毛病等等原因，樓板卻塌
　　　　下去了。

　　何夫曼認爲，就情況一來說，仲斯顯然算是「知道」他所踏

---

[24] William E. Hoffmann，"Almeder on Truth and Evidence"， *Philosophical Quarterly*， 25 （1975）， pp. 59-61.

[25] Ibid. p. 59.

過的那一點可以撐得住他的體重。換言之，假定「P」代表「樓板的那一點將會撐得住他的體重」，那麼仲斯算是知道 P 的。他的這項知識是來自很強的歸納證據，否定仲斯知道 P 就是「違反直覺的」[26]，因爲仲斯實在是再也找不到更充分的證據了。至於情況二，既然所有的相關證據都一樣，所以史密斯當然也算是知道 P，而不能因爲 P 爲假就說他不算知道 P 或者說他沒有 P 的知識。因此，何夫曼斷言：證據充分並不遞衍或導出所相信的命題爲真。否則，那纔是違反直覺、不合日常語言的用法。即使阿梅達的說法成立，那也只能算是他個人的看法，而不是日常大家所使用的知識概念。

從何夫曼所舉的上兩個例看來，他主要的是要表達一點，就是：既然兩者的證據完全一樣，那麼兩位當事者都必須算是知道 P 的，但是，如果我們否定情況一的當事者算是知道 P 的話，那麼情況二的當事者當然就更不算是知道 P 了。因此，何夫曼仍必須辯護情況一的當事者算是知道 P，換言之，他必須論證仲斯所持有的證據確是充分的。但是對於這一點，何夫曼並未提出更進一步的理由（只說是「很強的歸納證據」）。

除了何夫曼之外，學者梅爾思（Robert G. Meyers）和史塔恩（Kenneth Stern）兩人在他們合著的〈無悖論的知識〉（"Knowledge without Paradox"）一文當中也有相似的意思。他們否定 P J F 原則，認爲即使我們能證成地相信 P，但 P 仍可能爲假，用阿梅達的話來說是：證據條件的滿足並不遞衍真值條件的滿

---

[26] Ibid., p. 60.

足。他們的理由是這樣的，假如阿梅達的說法成立的話，那麼[27]：

……即使我們的證據顯然是指向 P，但我們仍然不算是證成地相信 P。

如此一來，我們就無法證成地相信任何「經驗命題」（原文是「非基本的陳述句」（ nonbasic statement ）），即使我們擁有強有力的證據也不行。但是如果是這樣，那麼歸納法又有什麼用呢？

對於以上的批判，阿梅達並未答辯（只有部分地答覆何夫曼先生），至於已答辯的地方也有不盡周延之處。筆者將在下一節做個回應。

五、證據充分的概念問題

證據充分是否就表示其所要證成的命題一定為真呢？阿梅達對此持肯定的態度，而何夫曼等人則持反對意見。為了解開這些概念上的糾纏，筆者將做底下的澄清。

首先，依照阿梅達的說法，如果證據充分，則其所支持的命題即為真，這句話在邏輯上是等值於底下這句話：

---

[27] Robert G. Meyers and Kenneth Stern ，" Knowledge without Paradox " ， *Journal of Philosophy* ， 70 . 6 （ 1973 ）， p .148.

如果所支持的命題爲假，則表示證據「尚未」充分。

換言之，阿梅達「僅僅」是主張：**證據的「充分」是命題的「爲真」的充足條件**，或者說，**「爲真」是「充分」的必要條件**。用阿梅達的話來說是：證據條件是真值條件的充足（但非必要）條件，而真值條件則是證據條件的必要（但非充足）條件。阿梅達在其〈真理與證據〉一文的第六個註腳裡是這樣說的[28]：

> 只有在底下的情況之下，眞值條件纔算是在邏輯上是多餘的，此情況是：我們肯定是眞的一詞乃意謂著（mean）是充分地（充足地，完全地）被證成著的，並藉此而斷言眞值條件和證據條件之間有一嚴格的等值關係。我只堅持一個人所主張知道的事物爲眞，若（不是若且唯若）他完全地（充足地，完全地）證成了他所相信的主張的話。

據此，阿梅達可以答辯如下：我根本就否認情況一是一種當事者算是知道結論的說法。因爲，如果樓板會塌下去，那就表示當初的證據根本就不充分。

事實上，何夫曼的理論根據是：「理由充分」與「爲真」這兩概念是不同的，因此兩者沒有邏輯關係。然而這是錯誤的，例

---

[28] Robert Almeder ，" Truth and Evidence "，*Philosophical Quarterly*，24 （1974），p. 368， note 6.

如，「邊」的概念顯然不同於「角」的概念，但我們仍然可以斷言：「凡等邊的三角形必定是等角的三角形」。同理，當我們對某一命題持有充分證據時，它就必須為真，否則證據必有不充分之處。筆者以為何夫曼的例子很不妥當，他說是由於某種" freak "（無法預知的、異想天開的、怪誕的，等等意思）的原因，以致樓板塌下去。筆者認為這根本是在想不出為假理由的情況下，胡亂編撰的一種結論為假的可能性，實在欠缺說服力。

筆者所要替阿梅達辯護的是，縱然 P 可能為假，那也要指出其為假的經驗的可能性，而不能只是指出其為假的純粹的邏輯的可能性（ merely logical possibility ），像何夫曼的例子就是純粹的邏輯的可能性，此種可能性並不足以否定結論的成立。我們可以舉例說明一下。比如，被告在人證、物證齊全之下，就不能再向法官辯稱說：「報告庭上！不管你們所提出的證據是多麼地充分完備，我仍有可能是無罪的。所以，你們不能判我有罪」。以此例而言，無罪的可能性只是一種純粹的邏輯可能性，意思只是說：設想被告無罪這一點並不是自相矛盾的而已。被告必須提出某些「經驗上」的反證纔能「否定」有罪的判決。只要被告提得出來，那就否定了法官所持有的證據是「充分」的了。可見，如果被告自己也承認人家的證據是充分的話，那麼他就必須心服口服地接受有罪的判決，而不得再賴皮。這一點正呼應了前述筆者所解讀的阿梅達的說法：

> 只要證據充分，則其所支持的命題必為真；若為假，則證據必有不充分之處。

　　我們可以說，只要何夫曼他們能夠設想出結論為假的情形，我們就可以很「**清楚地指出**」到底是「**缺了**」那一項或那幾項證據，**因為就在他們指出為假的可能性之時，也就同時指出了所缺少的證據**。如果以上的論證成立的話，那麼「充分但又為假」這個概念恐有不一致之處。

　　何夫曼也許會認為所謂的「充分」只是依一般標準看來相當可靠就算是充分了，因此，我們不需要什麼百分之百的充分（也因此就會有證據充分但結論卻為假的情形），否則的話，什麼叫做百分之百的證據呢？就算有，我們有能力找得齊全嗎？

　　對於此點，筆者認為，一般而言，所謂的「充分」可以就兩方面來說，一是就「質」而言，證據要「相干」（relevant）於所要證成的命題，相干性愈高，表示證據愈充分；另一是就證據的「量」而言，證據的數量愈多，表示證據愈充分。進而言之，就質而言，物證的相干性優於人證的相干性；就量而言，十項證據優於兩項證據。現在問題是，不論是就質或量而言，都只能有「程度」之別，而不能做截然的二分。換言之，我們只能說那一組證據「比較」充分或不充分，而不能說，例如，十項證據跟九項證據比起來，前者為充分而後者為「不」充分。因此，什麼是百分之百的證據呢？筆者以為我們不妨瞭解作：

沒有經驗上的反證與之對立。

　　雖然在這一種解讀之下，我們仍無法指出到底要擁有幾項證據（數量上）或證據的相干性要高到什麼地步（性質上），我們所持有的證據纔算是百分之百的充分，不過，我們仍然可以有一

個一般性的原則可遵循，就是：

只要結論爲假，就表示證據必有不充分之處。

對此，何夫曼當然又會說，「目前」也許找不到反證，但是「將來」仍然可能爲假。筆者的答辯是，假如將來發現結論爲假，即是說，確有經驗上的反證，而非空口說白話的純粹邏輯可能，那麼這正足以顯示出「當初」的證據「本來」就是不夠充分的。如果是這樣，則足見當初所謂充分的「認定」根本就有問題。實情應該是這樣的：「事實上」是有反證的，只是沒有找到而已。對此，我們可以從後來結論爲假的情況中找到線索，比如說，找到缺了那一項或那幾項證據等等情事。事實上，像「布希曾任美國總統」這一類已過去的「**眞**」**事實**而言，從現在看，已不可能爲假，所以，「不論歸納得來的證據多麼充分，其結論仍可能爲假」這一原則並不適用於此命題。

事實上，阿梅達也認爲我們可以依不同的立場或觀點來判定一組命題證據充不充分。他承認我們可以「證成地」相信「假命題」，但不承認可以「完全證成地」相信「假命題」。以阿梅達的原文表達方式來說，前者是：

" *being justified in ...*"

而後者是：

" *being completely justified in ...*"

阿梅達的話是這樣說的[29]：

> 的確，一個人能夠證成地相信假命題，這似乎是沒有什
> 麼可爭論的，但是，除了上述理由外，我們也很難看出
> 有什麼方法可讓任何人能夠成功地維護底下觀點：一個
> 人能夠完全證成地相信假命題。

以我們上述的話來說是，就個別學科中的個別標準或一般的標準
而言，我們承認有所謂的「充分」證據，也容許有所謂的「充分
但為假」的可能（即阿梅達的「證成地相信假命題」）。但是如
果從「完全證成」的立場看，則：充分即為真，為假必不充分。

六、結論

　　筆者根據阿梅達之說所發展出來的上述主張，其立論的根據
總結如下：

（Ａ）只要反對者提得出反例來（證據算是充分，但結論為假）
　　　，我們就可以清楚地指出該反例當中所缺少的證據到底
　　　是那一項或那幾項。

（Ｂ）就在設想反例的本身上（結論為假的情況），也同時指出

---

[29] Robert Almeder，" The Invalidity of Gettier-Type Counterexamples "，
　　Philosophia，13（1983），p.73.

了證據不充分之處。所以，這個設想本身恐有觸犯不一致假設（不一致前提）之謬誤的嫌疑。

（C）所謂「充分」意指沒有經驗上的反證成立。在未找到反證之前，我們不妨依照個別學科當中的一些標準，來處理知識主張，承認其為不嚴格意義的「充分」判準。

（D）理由或證據的充不充分，跟信念之真假，固然是不相同的概念，但這並不表示兩者不能有「充分即為真，為假必不充分」這種證成的關係。

（E）我們當然承認經驗命題不是必然為真，即是說，總有為假的可能，但是，它們仍然可以是事實上是真的。如果它們事實上是真的，那麼我們就不得任意更改或否定它們，它們為假的可能只是純粹的邏輯可能而已。關於這一點，特別是就表達過去事實的「單稱」命題來講，情況會更清楚。以上述的「鍾斯有一部福特車」為例，假如當事者所擁有的證據真的是那麼強，則此命題就必須為真，如無經驗上之反證就不能否定其真值。如果此時還要辯稱該命題仍有可能為假，那麼筆者認為反對者在此似乎是有一點混淆，一方面把邏輯的可能與經驗的可能混淆在一起，而另一方面也把經驗命題本身之性質問題與如何證成經驗命題的問題混淆在一起。

總結以上五點，筆者認為何夫曼等人對於阿梅達的批評並不完全成立，至於他們自己的觀點也不是那麼無懈可擊。至於阿梅達的困難主要是無法再進一步地提出證據充分或不充分的「程度

」判準。因爲何夫曼等人會說：「就算充分即爲真，但是到底要到什麼程度纔算是充分的呢？」。對於這一點，筆者的看法是這樣的，我們實在沒有辦法建立一個「積極的、普遍的」判準，似乎只能如上所述那樣，建立一個「**消極的、普遍的**」判準」，即：**只要結論爲假，則證據必有不充分之處**。

黃慶明　中國文化大學哲學系
E-mail：cmgeorge@ms7.hinet.net

239

關鍵詞：

　　葛第爾問題　　証據條件　　真值條件

中文摘要：

　　本文旨在探討「葛第爾問題」之三項預設中的第一項預設。葛第爾認為凡被做成認知的當事者所証成的命題不必為真，但學者阿梅達以為只要是「完全的」証成，則被証成的命題就必須為真。作者同意阿梅達之見，並再加強其論証。

《台灣哲學研究》第 1 期（1997 年 9 月）241-244

台灣分析哲學之回顧與現況[*]

林正弘

一、背景

西方哲學於十九世紀末傳入中國，在 1895 至 1945 年這段期間，台灣遭受日本佔領統治，因而西方哲學在台灣的傳播，最初是以日本為中介，而非受中國的影響。在第二次世界大戰結束以前，日本對於西方哲學的瞭解侷限於歐陸哲學，特別是德國哲學，英美哲學思潮在日本哲學界幾乎完全沒有影響力。這時候台灣僅有台北帝國大學設有哲學系，而且規模相當小；就筆者所悉，該系從未曾開設過任何有關分析哲學的課程。

1949 年國民政府撤退來台，分析哲學才開始在台灣流傳。殷海光先生在改制後的台灣大學講授分析哲學是台灣學院中的創舉。 1960 年代，殷先生寫了幾本介紹有關分析哲學的書籍，同時也寫了不少評論文章，藉由他對邏輯實証論的學養與邏輯分析的技巧，深刻地批判了中國傳統哲學、共產主義與國民政府的意

---

*本文為作者應邀在美國哲學會太平洋地區分會第七十一屆年會（1997 年 3 月於加州柏克萊）所發表之報告，承劉啟崑同學譯成中文，特此誌謝。

識形態。結果共產黨與國民政府兩方面對殷先生都感到不滿，國民政府甚至還誤會邏輯、邏輯實証論與分析哲學是反政府的學說。幸而這些種種對分析哲學的誤解，隨著台灣最近十年來的民主化進程已成爲歷史陳跡。那些曾經不被鼓勵、甚致被政府監控的學術領域已經能夠自由地在學院中被討論，分析哲學的研究也在這種自由的氣氛中隨之開展起來。

殷海光先生於 1969 年以 50 歲之英年去世，他的幾個學生則繼續從事邏輯、分析哲學與科學哲學的研究。他們之中的幾位以及其他一些年輕學者分別在美國、加拿大與英國取得邏輯或哲學博士學位，這些人學成之後大多回到台灣，目前分別在台大、清華、中正等大學授課或是在中研院從事相關研究工作。他們所研究的專業領域包括了形上學、知識論、倫理學、語言哲學、科學哲學、心靈哲學、數學邏輯、哲學邏輯、政治哲學與哲學史。

二、現況

以下我們對分析哲學在台灣的發展現況做一些觀察。

（1）台灣從事哲學研究的人口本來爲數就不多，其中以分析哲學爲專業的研究者就更少了，因此並非所有的哲學領域都有專業的人才涉足其中。目前台灣專業的哲學工作者大約有 200 人（相對於 2 仟 1 佰 30 萬人口），其中僅有約 30 人是從事有關英美哲學的研究工作。

（2）中正大學哲學研究所特別重視心靈哲學的研究，爲此特別

開設了一系列相關課程，該所師生於此貢獻了極多心力。目前，該所除與美國印第安那大學哲學系進行交流計畫外，並正在尋求其他國際交流。值得一提的是：該所規模正持續擴充，計畫將在 1998 年成立哲學系；在 2001 年之前，教師數將由目前的 6 人增加至 18 人。

（3） 1992 年台灣的學者創辦了一本名為" Philosophy and the History of Science：A Taiwanese Journal "的哲學期刊，創辦這本期刊的目的是希望藉由舉辦國際研討會與論文發表來促進台灣與西方哲學社群在哲學與歷史科學的各個領域進行學術交流。期刊中的論文皆以英文發表，來自海外的撰文者包括了己故的印第安那大學退休教授 Hector-Neri Casta~n eda 與 William McBride ， Joseph Dauben ， Nino Cocchiarella ， Milton Fisk ， John Dunn ， Allen Wood ， Michael Davis 等人。

（4）為促進與國際上其他哲學社群的交流與合作，透過中正大學哲學所與中研院歐美所、中山人文社會科學所的努力，我們邀請了許多外國學者來台灣參加研討會，發表論文或舉辦系列講座。在過去的四年中，來台客座的包括了 Richard Rorty ， Michael Dunn ， Margaret Wilson ， Paul Eisenberg ， Nicholas Charter ， Anthony Grayling ， Bob Myer ， Thomas Pogge ， Alice ter Mullen ， Ed Mares ， Michael Davis ， Allen Wood ， Paul Churchland ， John Haugeland ， Andy Clark ， Tim Van Gelder ， Robert Port 與 Richard Taylor 等多位學者。以上大部份學者的來訪計

畫能得以實現，要特別感謝國科會給予經費支持。接下來，德國邏輯學家 Patrick Blackburn 教授、加州大學柏克萊分校的 Charles Chihara 教授與印第安那大學的 Anil Guptap 教授也即將來台訪問。

《台灣哲學研究》第 1 期（1997 年 9 月）：245-246

〔附錄 1〕

成立台灣哲學學會的緣起與展望

　　哲學作為一個學院領域在台灣存在已久，但是不容諱言，他的成果貧乏，發展落後，無論在研究方面、教學方面、乃至於對於文化、社會的影響方面，都顯得孱弱無力、乏善可陳。之所以如此，外在條件的限制甚致壓抑、內在資源的貧瘠、有限等因素，固然都發揮過作用；不過更基本的一個原因，恐怕還是在於學門內部沒有發展出現代學術工作必須的學術社群架構。結果，哲學界內部培養不出相互督促的專業敬業學風，找不到進行批評論辯的學術論壇，更不曾形成過足以匯集力量、累積成果的問題意識。這個情形不改善，台灣哲學界絕難凝聚出發展、進步的動力。

　　我們一群以哲學的研究及教學工作為志業的人，有見於這項需要的迫切，經過長期醞釀，決定籌組成立一個專業的學會，作為在台灣形成哲學學術社群的第一步。具體而言，我們希望藉著哲學工作者的合作，促進哲學研究的學術化，維護哲學社群的茁壯自主，加強與本地其他學科以及世界各地哲學社群的聯繫溝通，並協助哲學界新生力量的教育和發展。這個學會，我們定名為「台灣哲學學會」。

　　我們相信，台灣哲學學會靠著哲學同仁的奉獻努力、其他學科的支援監督、以及社會的殷切期待，很快會開始發揮一個學會應有的功能。目前，我們將以出版哲學學術期刊，及辦理學術活動爲主要工作；進一步，我們將設法加強國際的聯繫合作以及哲學教育的推廣。我們深信，這個學會將一本哲學探討的多元、開放、批判本質，逐漸在台灣哲學界形成進步和發展的動力，也終將讓這門歷史久遠、價值崇高的學問，對我們的社會、文化做出應有的貢獻。

《台灣哲學研究》第 1 期（1997 年 9 月）：247-250

〔附錄 2 〕

台灣哲學學會組織章程

（民國八十五年一月七日經成立大會討論通過）

第一章　　名稱與宗旨

第一條　本會由在台灣之哲學專業人士所組成，定名爲「台灣哲學
學會」，英文名稱爲〝Taiwan Philosophical Association〞。

第二條　本會宗旨在於推動台灣之哲學專業研究與教育，促進台灣
哲學界與國際哲學界之交流，並定期出版刊物，舉辦學術
活動。

第三條　本會鼓勵多元之哲學探討，不設定任何特定哲學學派與哲
學傳統之立場。

第二章　會員身份及權利義務

第四條　認同本會宗旨並具備下列條件之一者，得爲本會會員：

一、個人會員：除參與成立大會之成員爲當然個人會員外，
任何在台灣以哲學或相關學科的研究或教學爲主要工
作者，經二名個人會員推薦，並經執行委員會審查通
過，得邀請成爲個人會員。

二、終身會員：個人會員繳交一定數額會費者，得同時爲

　　　　　終身會員。

　　三、學生會員：大專院校之學生對哲學有興趣者，得申請
　　　　入會，經審查通過後得成爲學生會員。

　　四、榮譽會員：對台灣哲學界或本會之發展有特殊貢獻之
　　　　人士，經會員大會決議通過，得邀請成爲榮譽會員。

第五條　個人會員有提案權，選舉、被選舉權，及會員大會議案之
　　　　議決權。對於有關哲學教育或學生權益之事項，學生會員
　　　　有提案權。

第六條　除榮譽會員外，會員均有按期繳納會費、出席會員大會之
　　　　義務；各類會費金額由執行委員會議決之。

第七條　有以下情事之一者，喪失會員資格：

　　一、會員主動提出書面文件，聲明退出本會者。

　　二、嚴重違反本會聲譽及權益，經執行委員會提請會員大
　　　　會三分之二表決通過者。

　　三、連續二年未繳會費，經執行委員會確認者。

第三章　人事與組織

第八條　本會設會員大會，由全體會員組成之。

第九條　本會設會長一人，執行委員八人，候補執行委員三人。
　　　　會長由會員大會選舉產生，任期二年，連選得連任一次。
　　　　會長對外代表本會，對內綜理會務。會長不克履行會務時，
　　　　由執行委員互推一人代理會長，惟代理期限不得超過六個
　　　　月；超過六個月時，由執行委員互推一人擔任會長，至本

屆任期屆滿為止。

執行委員八人，三人由會長指派，五人由會員大會選舉產生，得票多數者當選；任期二年，連選得連任一次。五人之外得票最高三人依序擔任候補執行委員；執行委員出缺時由候補執行委員依序遞補，繼任至原任期屆滿為止。

第十條 本會設執行委員會，由會長及執行委員組成之，每三個月集會一次，由會長召集之。必要時得由會長或三分之一以上之執行委員提議召開臨時會。開會時相關人員得列席。

執行委員會職權如下：

一、執行會員大會通過之議案；

二、審查會員資格及相關事宜；

三、籌編學術刊物，籌辦學術活動，並推廣哲學教育；

四、議決並執行人事案；

五、規劃並執行法律案、預算案、決算案及其他重要事項。

第十一條 本會置秘書長一人，襄助會長推動會務，由會長就執行委員中擇一聘任之。

第十二條 本會設評議委員會，由會員大會選舉產生三人為委員組成之，並由委員互推一名召集人。評議委員會負責會務之監督及財務之查核，並向會員大會提交報告。

評議委員任期二年，連選得連任一次；但任期中不得兼任會中其他任何職務。

第十三條 會員大會於每年十二月舉行，議決大會之人事案及其他與會務有關之議案。但經執行委員會或四分之一以上個

人會員提議，應由會長召開臨時會員大會。

第四章　會議規程

第十四條　會長及本會各委員會得向會員大會提案，會員經十人以上之連署亦得向會員大會提案。提案須於大會舉行前二週提出。

第十五條　本會各類選舉及各項議案之表決，除另有規定外，以無記名投票或舉手爲之。

第十六條　本會所有會議須具有投票權之成員二分之一以上出席始得開會，未克出席者得委託其他會員代行相關權益，惟同一會員接受委託以一人爲限。決議時以多數決爲原則。

第五章　組織章程之修定

第十七條　本組織章程經個人會員總額五分之一或執行委員會提案，出席大會之個人會員人數三分之二之決議，得修改之。

第十八條　本組織章程經出席成立大會三分之二以上會員決議通過後實施。

主編的話

郭博文

　　《台灣哲學研究》第一期能夠順利出版，首先感謝實際負責編輯工作的楊金穆教授。如果沒有楊教授長時間注心血，多方協調連繫，就不會有呈現在讀者前的這一本創刊號。桂冠圖書公司慷慨承諾負責本刊的印刷與發行業務，並擔當一切相關費用，這種關懷學術，不計世俗利益的胸襟，令人敬佩。此外，莊文瑞教授的居間引介，編委會諸同仁的熱心參與，都是極大的助力，也一併在此致謝。

《台灣哲學研究》稿約

《台灣哲學研究》是一份本土性專業學術刊物。

「台灣」一詞，強調的是「本土性」：這是一份提供台灣的哲學研究者發表學術研究成果的刊物；我們希藉由此一刊物的出版與發行，提昇台灣哲學研究的水平。

「哲學」一詞，強調的是「專業性」：作為一門專業，哲學儘管包含了種種不同的領域、方向與立場，但我們將以、而且只以哲學的「專業性」做為編輯的方針，希望能容納盡可能多樣的研究成果。

「研究」一詞，則強調本刊物的「學術性」；本刊物將以嚴謹的學術規範與要求，建立嚴格的評審制度，藉以保証本刊物所採用的論文的學術水平。

基於這種想法，我們的具體編輯原則是；

1. 本刊只接受尚未發表之中文哲學學術論文及嚴格的書評。
2. 論文隨來隨審，通過匿名評審方予刊登。
3. 單篇論文以不超過二萬字為原則。
4. 論文經評審通過決定採用時，作者應使其符合本刊論文之體例與格式。

來稿請寄：台北市南港郵政 1-37 號信箱 台灣哲學學會編輯委員會。

《台灣哲學研究》訂閱費用

地區 年別	台灣 (新台幣)	港澳與大陸 (新台幣)		歐美 （美元）		亞洲 （美元）	
		航空	海運	航空	海運	航空	海運
二年四期	1,200	1,800	1,500	80	60	80	60
單本	400	530	460	24	19	24	19

※ 訂閱專線：(886-2) 2219-3338

※「台灣哲學學會」誠徵長期贊助《台灣哲學研究》印製費用之「名譽會員」，每年贊助經費新台幣拾萬元；有意者請與本刊專業法律顧問——「日正國際法律事務所」阮金朝律師(886-2)2751-0306 轉 110 聯絡。

通 信 欄	訂閱《台灣哲學研究》 訂閱期數：從＿＿期（＿＿年 上□／下□） 　　　　　至＿＿期（＿＿年 上□／下□）止 　　　　　共＿＿期（半年刊） □請寄收據：抬頭＿＿＿＿＿＿＿＿＿＿ 　　　　　　地址＿＿＿＿＿＿＿＿＿＿ □不用寄收據 姓名：＿＿＿＿＿ □男 □女 電話：（公）＿＿＿＿＿ （宅）＿＿＿＿＿ 地址：＿＿＿＿＿＿＿＿＿＿＿＿＿＿ 　　　＿＿＿＿＿＿＿＿＿＿＿＿＿＿ 學歷：□高中 □專科 □大學 □研究所 □其他 機關團體以註明機關性質： 　　　□學校 □圖書館 □公營機構 □民營機構 　　　□社會服務機構 □其他

台灣哲學研究 I

思想・語言與真理

著　　者／林正弘等
主　　編／台灣哲學學會
出　　版／桂冠圖書股份有限公司
登 記 證／局版台業字第 1166 號
　　　　　局版北誌字第 2172 號（台灣哲學研究雜誌）
發 行 人／賴阿勝
地　　址／台北市 107 新生南路三段 96-4 號
電　　話／02-22193338　02-23631407
傳　　真／02-22182859~60
郵政劃撥／0104579-2　　桂冠圖書股份有限公司
法律顧問／阮金朝律師　日正國際法律事務所
印 刷 廠／海王印刷廠
裝 訂 廠／欣亞裝訂公司
初版一刷／1998 年 7 月

◎本書如有缺頁、破損、裝訂錯誤，請寄回調換
定價＞新台幣 400 元　　《購書專線 02-22186492》
電腦編號　10001　　ISBN　957-730-052-9

國家圖書館出版品預行編目資料

思想‧語言與真理／林正宏等著 ─ 初版--
臺北市：桂冠，1998〔民87〕
面；　公分. －（臺灣哲學研究：1）

ISBN 957-730-029-4 （平裝）

1.哲學 － 論文,講詞等

107
　87008571